경매
교과서

생초보도 쉽게 따라 할 수 있는 경매

경매
교과서

설마 안정일 지음

지상사
Jisangsa

서 문

안녕하세요. 설맙니다.^^

제가 이번에 교재를 냈습니다. 경매에 입문한 지 18년. 강의를 시작한 지 14년 만입니다.

제가 기초반 강의할 때 사용하는 피피티 자료랑 제본해서 나눠드리던 교재를 정리해서 정식 책으로 출간하게 됐습니다. A4 용지에 제본해서 나눠드리던 교재를 정식 책으로 출간해 보니 감회가 새롭네요.

제가 지난 18년간 경매를 하면서 또는 교육을 하면서 여러분들께 꼭 하고 싶었던 얘기가 있습니다.

"경매는 어려운 게 아니다. 경매를 한다고 해서 어려운 물건을 해야 하는 건 아니다. 쉬운 물건을 해도 충분히 수익을 낼 수 있다."

경매를 할 때, 꼭 어렵고 복잡한 물건을 해야 내가 마치 무언가 대단한 걸 한 듯이 느끼는데, 그게 아니라는 걸 강조하고 싶습니다. (권리분석이) 쉬운 물건, 누구나 덤빌 수 있는 평범한 물건을 가지고도 수익을 낼 수 있습니다. 저의 18년 경매 경험과 336 카페를 통해 배출된 수많은 수강생들이 증명하고 있습니다.

우리가 공부를 깊게 하면 사시에 합격해 버립니다. 우리의 목표는 사시 합격이 아니거든요. 그냥 경매만 하면 됩니다. 이 책이 경매하는데, 필요충분조건 한 책이 될 것이라고 자부합니다. 이 이상 알 필요도 없고, 더이상 공부할 필요도 없어요. 딱 이 정도만 하세요. 그러면 충분합니다.

　내가 아직도 모르는 것 같고, 뭔가 계속 더 공부해야만 할 거 같은 그런 불안감을 떨쳐버리기 바랍니다. 이 책의 내용만 충분히 숙지하면 경매하는데 아무런 위험이 없을 겁니다.

　자신을 갖되, 그러나 자만하지 말고, 천천히 한 발짝씩 도전해 보기 바랍니다. 모쪼록 이 책을 읽는 모든 분들께 대박의 기운이 함께 하길 기원합니다.

　끝으로, 이 책은 저 혼자였으면 낼 수 없었을 겁니다. 사랑하는 가족이 있고, 저의 든든한 버팀목 336 카페가 있기에 가능했습니다. 교재 편집에 많은 도움을 주신 336 카페 회원님들과 소액임차님, 숀님, 하늘세상님, 이사님 그리고 지혜님께 고마운 마음을 전합니다. ^^

18년의 경매 활동에 한 획을 찍는 날

설마 **안정일**

목차

제3장 소액임차인(최우선변제권)

제4장 안분배당(평등배당)

제 0 장

경매

경매 왜 나오나? (빚이 많아서)

경매 물건이 생기는 이유는 빚이 많기 때문입니다. 2억짜리 집에 빚이 2억 이상 쌓여서 빚이 집값을 초과하면 집주인(소유자)은 집을 포기합니다.

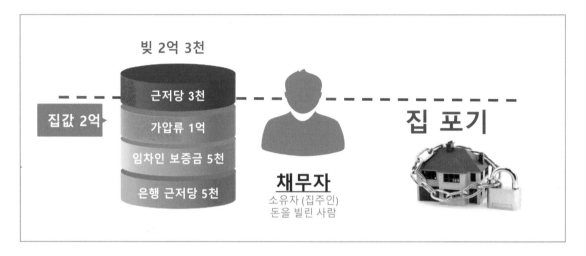

빚이 집값을 넘어가기 시작하면, 팔 수가 없는 상황에 처해요. 이쯤 되면 집주인(소유자)은 집을 포기합니다. 집주인이 집을 포기하면 무엇을 할까요? 아니 더 정확하게 말해서 "무엇을 안 할까요?"

빚을 안 갚을 것이고, 이자를 안 내겠죠. 임차인이 보증금을 돌려 달라고 해도, 돌려줄 여건이 안 될 겁니다. 그런 경우에 임차인에게 직접 세를 놓고 보증금 빼서 나가라고 합니다. 임차인이 직접 세를 놓으려고 하니 이미 빚이 많은 집이라 새로 들어올 임차인이 없어요. 결국 임차인도 전세금을 돌려받지 못하고 발이 묶이게 됩니다.

답답해지는 건 채권자이에요. 채권자 즉, 돈을 빌려준 사람, 또는 받을 돈이 있는 사람, 여기서 임차인도 채권자가 됩니다. 집주인에게 받을 돈(보증금)이 있으니까요.

채권자 입장에서는 집주인이 집을 팔아서라도 빚을 갚아 주기를 원합니다. 문제는 집주인이 포기해 버리고 집에서 손을 놨다는 점이에요. 결국 채권자(임차인)가 집주인 대신에 집을 팔고 빚을 회수하려는 시도를 합니다. 이게 바로 강제 매각이에요. 집주인 의사와 상관없이 강제로 매각한다는 뜻이죠.

용어 정리

받을 돈이 있는 사람 :
채권자

돈을 갚아야 하는 사람 :
채무자

집주인 : 소유자

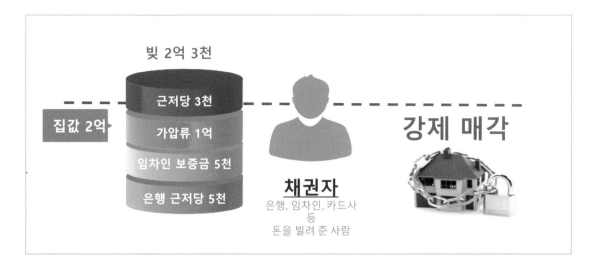

자~ 이제 집을 팔았다고 가정해 볼까요.

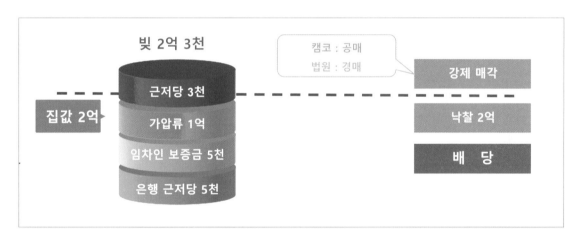

채권자의 강제 매각에 의해서 2억에 팔렸다고 가정하죠. 그렇게 팔리는 걸 '낙찰'이라고 합니다. 낙찰된 금액 2억을 가지고 채권자들이 나눠 갖겠죠. 그걸 '배당'이라고 합니다.

문제는 여기서부터 시작이에요.

낙찰가격(즉, 집값)은 2억인데, 빚은 2억(집값)을 넘겨요. 채권자 중에 누군가는 못 받는다는 뜻이죠. 채권자 중에 누가 못 받고 싶을까요? 못 받고 싶은 채권자는 없을 겁니다. 서로 자기 채권은 100% 회수하고 싶어합니다. 그래서 채권자끼리 알아서 팔고, 알아서 나눠가져라 하면 결론이 안 납니다. 서로 싸우게 되요.

그래서 누군가 권위 있는 기관이 물건을 팔고(강제매각), 낙찰금 가지고 채권자들에게 나눠 주는 (배당)것이 필요해요. 이때의 그 권위 있는 기관이 어디일까요? 여기까지 읽으셨으면 눈치챘을 겁니다. 바로 법원이에요.

팁

- 법원에서 진행하면 **경매**
- 자산관리공사(캠코)에서 진행하면 **공매**

진행하는 주체가 다를 뿐, 기본 원리는 같습니다.

- 빚(채무)을 못 갚으면 법원을 통한 **경매**
- 세금을 체납하면 자산관리공사를 통한 **공매**

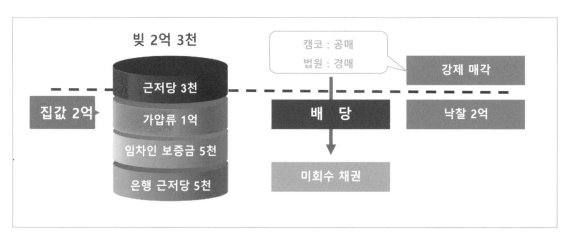

▲배당 결과 : 미회수 채권에 주목

우리가 말하는 '경매를 배운다'라는 것은 결국 이 '배당을 배운다'는 뜻이에요. 얼마에 낙찰됐을 때, '누가 얼마를 받는가' 하는 것이 배당입니다. 우리는 이 책을 통해서 바로 '배당'에 대해 배우고, '배당표'를 작성해 볼 겁니다.

배당 결과

　이렇게 배당을 배우는 이유는 무엇인가? 배당표를 짜다 보면, 누군가는 배당을 덜(또는 못) 받을 거예요. 당연한 이유입니다. 경매에 나온 이유가 빚이 집값보다 많기 때문이잖아요. (물론 간간이 빚보다 높은 가격에 낙찰이 되는 덕분에 채권자가 100% 배당 받는 경우도 있긴 합니다.)

　이렇게 법원이 배당을 해주게 되면, 결과적으로 채권자 중에 누군가는 못 받게 되는데, **우리가 주목하는 부분이 바로 이 점이에요. 못 받는 채권자, 미회수 채권입니다.**

빚은 사라지지 않는다

빚을 못 받으면, 채권자 기분은 어떨까요? 결코 좋을 리가 없겠죠. 은행 입장에서 그동안 이자 잘 받았으니까, 원금 정도야 안 받아도 괜찮아. 이럴 리 만무하고, 임차인 입장에서 이 집에서 잘 살았으니, 보증금 따위야 안 받고 나와도 괜찮아. 이럴 리 만무하잖아요.

빚은 사라지지 않고, 끝까지 쫓아갑니다. 누구를…?

그야 당연히 그 빚을 진사람, 즉 채무자를 쫓아갑니다. 채무자는 영원히 그 빚의 굴레에서 벗어나지 못하는 거예요. 채무, 즉 빚을 갚을 때까지….

그런데 경매에서는 그 빚을 책임져야 하는 사람이 한 명 더 있어요. 바로 집을 산 사람, **낙찰자예요. '네가 그 집에 그 빚이 있는 걸 알고 샀으니, 네가 책임져야지**'라는 얘기입니다.

결국 '권리분석'이란 바로 미회수 채권을 누가 책임지느냐를 따지는 겁니다. 이때 소멸/인수라는 용어를 사용합니다.

–소멸 : 채무자가 책임지는 권리(즉, 채무자가 물어줘야 하는 빚)

–인수 : 낙찰자가 책임지는 권리(즉, 낙찰자가 물어줘야 하는 빚)

용어 해석

소멸 : 사라진다는 뜻이다. 권리분석 실무에서는 '말소'라는 단어도 같이 쓰인다. 소멸이든 말소든 둘 다 사라지고 없어진다는 의미다. 왜 그럴까? 빚(채권)은 사라지는 것이 아니고 채무자를 따라가는 것인데, 왜 '소멸(또는 말소)'라는 용어를 사용할까?

인수 : 떠안는다는 뜻이다. 의미가 명확하다. 낙찰자가 책임지니까, 내 빚이 아니었지만, 대신 떠안으니까, 인수라는 표현이 딱 와 닿는다.

'소멸/인수'라는 표현을 사용하는 이유는…. 낙찰자(입찰자) 입장에서 권리분석을 하기 때문이다. 낙찰자(입찰자)가 보기에 채무자의 책임은 내 책임이 아니다. 즉, 내 눈 앞에서 사라지는 것이다. 그래서 소멸이라고 부른다. 같은 논리로 낙찰자(입찰자)가 책임지는 빚은 떠안은 셈이니까, 인수라고 부른다.

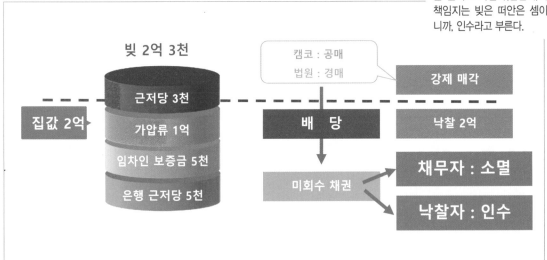

경매의 원리 그리고 권리분석의 의미(인수/소멸)

권리분석이란?!

경매로 집이 낙찰되면 법원에서는 채권자에게 배당을 해줍니다. 얼마에 낙찰을 받아서 채권자들에게 얼마씩 나누어 주느냐 따져봐야 하는데, 이때 필요한 게 바로 권리분석입니다.

즉, '권리분석'이란 배당을 짜보는 것이에요. 경매인들에게는 누가 얼마를 받는지가 중요한 게 아니라, 누가 배당을 못 받는지가 더 중요합니다. 그 이유는 못 받은 돈에 대해 누군가는 책임을 져야 하기 때문이죠. 그 못받은 돈을 책임져야 할 사람은 당연히 채무자인데, 경우에 따라서는 낙찰자에게도 책임이 있거든요. 이때 채무자가 빚을 책임지는 것을 '소멸(말소)'이라 하고, 낙찰자가 책임지는 것을 '인수'라고 합니다.

그렇기 때문에 낙찰자의 입장에서는 이 빚이 소멸인지 인수인지가 중요해집니다. 그래서 권리분석의 핵심은 빚을 누가 책임지느냐 판단하는 것이고, 이것이 바로 권리분석이 중요한 이유에요.

만약 권리분석을 했는데, 빚을 낙찰자가 인수해야 한다면, 그런 물건은 입찰하지 말아야 할까요? 아니요! 인수할 금액을 감안해서 그만큼 가격을 낮춰서 입찰가를 정하면 됩니다.

사례별 분석

2억에 입찰하려는 집이 있다고 가정해 볼까요.

–인수금액 0원 : 인수할 채무가 없으면, 그대로 2억에 입찰

–인수금액 5천만 원 : 인수할 금액(5천)을 감안해서 1억 5천에 입찰. 낙찰 받고 나중에 5천을 물어주면, 원했던 대로 2억에 산 셈이 됩니다.

–인수금액 5천만 원 : 혹시나 그냥 2억에 낙찰을 받으면, 나중에 5천을 물 어주게 되니까, 결국 2억 5천, 즉, 원하던 가격보다 비싸게 산 셈이 됩니 다. (경매 투자에 실패하는 주요 이유 중의 하나예요)

책임=인수금액이 있다면

집 값	2 억		
인수금액	0원	5천	3억	?
입찰가격	2억	1.5억	-1억	?

입찰불가

입찰가 산정 공식 : 입찰가 = 집값 − 인수금액

인수금액이 집값을 넘어선다면? (집값은 2억인데, 인수금액은 3억)
입찰할 필요가 없습니다. 아니 입찰하면 안 됩니다.
인수금액을 파악할 수 없다면? (얼마인지 모르는 경우)
당연히 입찰 불가입니다.

어려운 건 과감하게 패스

권리분석이 딱 떨어지게 나오면 상관없는데, 권리분석을 통해 결과가 물

음표(?)로 나오면 입찰하면 안 됩니다. 경매는 '송사'예요. 앞으로의 판결에 따라 결과가 달라집니다. 특히 법정지상권, 유치권, 위장임차인 등의 소위 말하는 특수 물건은 입찰하지 않는 게 좋아요. 전체 물건 중에 이런 특수 물건의 비율은 20% 정도밖에 안 됩니다. 얼마 안 되는 물건들로 머리 아프게 고민하지 말고, 쉬운 것만 해도 충분해요. 나머지 80%의 쉬운 물건들만 계속 입찰을 하세요.

권리분석하다 보면 모르는 게 나올 겁니다. 그런 물건은 그냥 패스하세요. 아는 것만 하면 돼요. 어려운 케이스에 대한 질문을 많이 하는데, 그거 모르면 시간 낭비하지 말고 다른 물건으로 하면 돼요. 그 어려운 물건과 똑같은 케이스가 다시 나오기도 힘들어요. 학력고사 공부하는 게 아니잖아요. 너무 열심히 공부하면 안 돼요. 그러다가 사법고시 패스합니다.^-^

"경매는 싸게 받는 겁니다. 어려운 물건을 받는 게 아니고요."

권리분석 실패 사례 1

사건 번호 : 12-7343, 임차인의 보증금을 낙찰자가 인수해야 하는 물건이에요. 당시 시세가 1억 2천만 원 정도였는데, 1억 5백만 원을 써서 단독 낙찰된 사건이 있습니다. 단독 낙찰이란 입찰자가 그 사람 말고 아무도 없었다는 이야긴데요. 단독 낙찰인 경우는 둘 중 하나에요. 운 좋게 입찰자가 아무도 없거나, 아니면 아직 입찰할 때가 안됐는데, 멋모르고 입찰한 경우!

중앙 9계 2012-7343 서울 성북구 다세대

전입	1997.04.10	선순위 임차인
확정	2000.05.10	선순위 임차인
등기권리	2011.11.01	근저당 신영 브릿지

감정가	150,000,000	
임차보증금	65,000,000(인수)	
낙찰가	105,000,000	

총 1억 7천에 사는 셈

아니나 다를까. 이 물건은 6천5백만 원의 빚(임차인 보증금)을 낙찰자가 인수하는 물건이었던 것입니다. 때문에 낙찰자는 입찰 금액에서 6천5백만 원을 제하고 입찰을 했어야 됩니다. 하지만 이 낙찰자는 그 사실을 알았을까, 몰랐을까?! 불행히도 그 사람은 그 사실을 전혀 모르고 입찰에 응했어요. 때문에 시세 1억 2천만 원짜리 집을 임차인 보증금 포함해 1억 7천만원에 낙찰 받은 셈입니다. 이런 경우 낙찰자는 잔금을 못 내게 되고, 결국은 보증금을 잃게 됩니다.

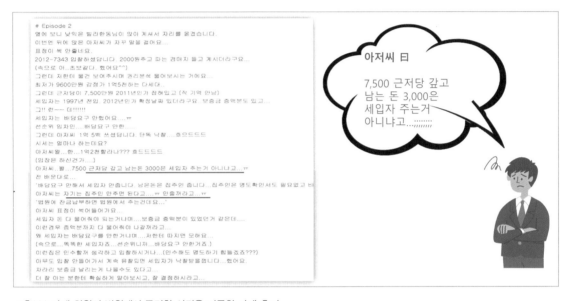

▲홈336 카페 회원이 법원에서 목격한 사건을 기록한 카페 후기

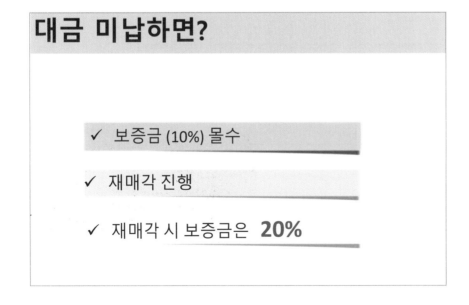

대금 미납하면?

✓ 보증금 (10%) 몰수

✓ 재매각 진행

✓ 재매각 시 보증금은 **20%**

낙찰 받은 사람이 잔금을 미납하게 되면 보증금은 몰수(돌려받지 못하게)되고, 그 물건은 재매각 절차에 들어갑니다. 이렇게 권리분석을 제대로 안하면 소중한 보증금을 잃어버리게 된다는 교훈을 얻을 수 있습니다. 그런 교훈은 간접 경험으로 충분합니다. 내가 직접 겪는 건 '비추'입니다.

입찰을 갔는데, 내가 단독 낙찰이면 순간 겁부터 납니다. 이상하다. 내가 권리분석을 실수했나? 싶어요. 경쟁가가 많으면 오히려 마음이 편합니다. 카페 회원이 앞의 그 낙찰자한테 '6천5백만 원 빚을 물어줘야 한다'라고 조언을 했더니 '내가 왜 그래야 하죠?'라고 되물었다고 합니다. 이렇게 아무것도 모르고 경매법원을 찾는 사람들이 있어요. 이런 실수를 하지 않기 위해서는 뭘 해야 할까요? 먼저 배우는 게 필수죠! 공부해야 합니다.

진행 결과

1. 2012-08-14	최초	150,000,000	유찰	
2. 2012-09-18	20%↓	120,000,000	유찰	
3. 2012-10-23	20%↓	96,000,000	낙찰	낙찰액 105,050,000 응찰수 1명 (대금미납)
4. 2013-02-12	20%↓	76,800,000	낙찰	낙찰액 80,160,000 응찰수 1명 (대금미납)
5. 2013-05-28	20%↓	61,440,000	유찰	
6. 2013-07-02	20%↓	49,152,000	유찰	
7. 2013-02-12	20%↓	39,322,000	낙찰	**낙찰액** 46,199,990 응찰수 6명 2위 45,320,000

진행 결과 :

첫 번째 낙찰자 (1억 500 낙찰) 보증금 960만 원 몰수

두 번째 낙찰자 (8천 낙찰) 보증금 1천536만 원(재매각이라 20%) 몰수

권리분석 실패 사례 2

(2012년 당시) 시세 11억 원짜리 아파트가 경매에 나왔어요. 권리분석을 해보면 임차인 보증금 6억 원을 낙찰자가 떠안아야 하는 물건입니다. 그런데 누군가 이 물건을 7억 원에 낙찰을 받았어요. 임차인 6억 원과 합치면 시장가를 훌쩍 뛰어넘는 금액인 13억 원이 됩니다. 당연히 낙찰자는 잔금을 치르지 못합니다. 이로 인해 낙찰자는 보증금을 얼마를 날렸을까요? 무려 6천만 원입니다. 이 낙찰자의 입찰 금액은 누가 봐도 실수가 맞지만, 법원은 낙찰자의 그러한 사정을 봐주지 않습니다. 법원이 몰수한 보증금은 최종 낙찰 금액에 합칩니다. 결국 채권자의 배당금이 늘어나기 때문에 채권자의 이익이고, 채무자의 빚은 그만큼 줄어드는 것이죠.

중앙 11계 2011-35273 서울 서초동 현대슈퍼빌

전입	2008.07.23	선순위 임차인
확정	2011.12.09	근저당 보다 늦은 날짜
등기권리	2011.01.11	근저당 한국자산관리공사
감정가	1,500,000,000	
시세	1,100,000,000	선순위 임차인 → 인수
임차보증금	600,000,000	
최초낙찰가	700,000,000	결국 13억에 사는 셈

진행 결과

1. 2012-04-04	최초	1,500,000,000	유찰	
2. 2012-05-09	20%↓	1,200,000,000	유찰	
3. 2012-06-13	20%↓	960,000,000	유찰	
4. 2012-07-18	20%↓	768,000,000	유찰	
5. 2012-08-22	20%↓	614,400,000	낙찰	낙찰액 700,880,000 응찰수 1명 (대금미납)
6. 2012-12-05	20%↓	491,520,000	낙찰	낙찰액 530,500,000 응찰수 1명 (대금미납)
7. 2013-08-01	20%↓	393,216,000	유찰	
8. 2013-02-12	20%↓	314,573,000	낙찰	**낙찰액** 391,899,900 응찰수 2명 2위 331,000,000

낙찰 보증금	
낙찰액 700,880,000 응찰수 1명 (대금미납)	낙찰자A씨 약 6천 포기
낙찰액 530,500,000 응찰수 1명 (대금미납)	낙찰자B씨 약 1억 포기
낙찰액 391,899,900 응찰수 2명 2위 331,000,000	
합 계	1억 6천 법원에 몰수

경매는 송사이기 때문에 낙찰자가 입찰 금액을 잘못 쓴 것에 대해 절대 봐줄 수가 없어요. 낙찰자, 채무자, 채권자 셋 중의 누군가의 실수는 곧바로 다른 누군가의 이익이잖아요. 법원에서 '이건 실수니까 봐줄게' 이랬다가는 반대 당사자인 채권자가 막바로 이의제기할 게 뻔해요. 그래서 권리분석을 실수하면 큰일 납니다.

대금 미납

대금 미납 시, 몰수 된 보증금은 ?
국고 귀속? 세금으로 사용?

몰수 된 보증금
- 1차 보증금 : 6,000만원
- 2차 보증금 : 9,840만원
- 낙찰 금액 : 40,000만원

합계 : 55,840만원 → 배당

최종
낙찰금   +   몰수
보증금

배당

누군가는 '경매는 위험하다'라고 말합니다. 하지만 경매를 제대로 공부하고 접근한다면 위험할 일은 전혀 없어요. 더 정확히 얘기해서 위험한 물건을 피해갈 수 있습니다.

경매는 위험하다?

공부하지 않고 투자하는
당신(YOU)이 위험

권리분석 = 공부

경매는 위험하지 않아요. 공부하지 않은 네가 위험한 거예요.

경매 정보 어디서 보나?

경매 정보는 대법원 사이트에 다 올라와 있긴 한데, 대법원 정보를 그냥 본다는 것은 너무나 비효율적입니다. 경매 나온 물건의 기본적인 정보(주소와 점유자 또는 임차인 내역)밖에 없기 때문이죠. 그 외의 권리분석을 하는데, 필요한 정보(등기부등본, 전입세대열람내역)는 별도로 확인해 봐야 합니다.

그런 정보를 확인하려면, 일일이 해당 사이트를 돌아다녀야 하는데, 거기에 들어가는 품이 만만치 않아요. 이럴 때 유용한 게 경매 정보를 한 곳에 모아서 제공하는 경매 정보 제공 업체랍니다.

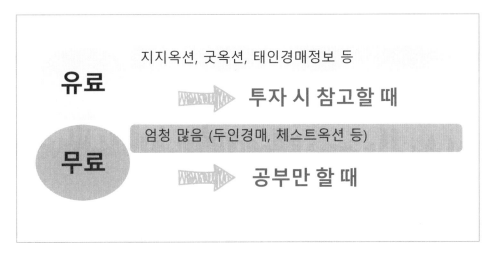

경매 정보 업체는 크게 둘로 나눌 수 있습니다. 유료업체와 무료업체입니다.

유료업체는 당연히 돈을 받고 경매 정보를 제공합니다. 각 업체별로 가격대가 조금씩 다르니 각자 여건에 맞는 곳을 골라서 보면 됩니다. 여기에서는 유료업체 중 한 곳(태인경매)에서 제공하는 경매 정보 화면을 사용할 겁니다.

무료업체는 인터넷 검색해 보면 엄청 많이 나오거든요. 그중에 아무 곳이나 골라보면 됩니다. 처음 시작할 때는 일단 무료업체를 이용하는 게 자금 부담이 덜하겠죠. 그러다가 나중에 본격적으로 투자 즉, 입찰을 하게 될 때쯤, 유료업체 하나 정도 보면 됩니다.

주의 : 무료업체를 볼 때는 한 가지 주의할 게 있어요. 무료업체의 수익 구조는 경매 컨설팅 수수료에 있습니다. 즉, 무료사이트를 보는 회원(또는 구독자)에게 투자를 권하는 거죠. 경매 컨설팅이 나쁘다는 얘기는 아니에요. 시간이 없는 바쁜 현대인 입장에서 컨설팅에 맡기는 것도 한 가지 방편이 되거든요. 다만 투자를 할 때는 내 주관과 내 시각이 있어야 합니다. 컨설팅업체에게 내 투자 판단까지 맡겨서는 곤란합니다.

여기서 잠깐...!!

컨설팅은 이렇게 활용하세요.

투자(즉, 입찰가격) 결정은 내가 하고, 실무 업무 처리만 맡기는 겁니다.

예) 법원 입찰 대행 : 입찰은 평일 낮 시간대에 진행하는데, 그 시간이면 나도 회사에 묶여 있을 확률이 높잖아요. 바로 나 대신 입찰 절차만 대행하게 하는 거죠.

권리분석 기초 – 가장 단순한 유형

중앙10계 2008-31738(1)

[압구정동] 아파트

경매10계(☎02-530-2714) [법원안내]

◉관심사건등록 ◉화면인쇄 ◉보고서인쇄

❯ 기본정보

대법원사이트 보기 GO / 법원기본내역 보기 GO

대표소재지	서울 강남구 압구정동 456,458,469,-1,456-1 현대 83동 13층 1301호				
대 표 용 도	아파트 (48평형)	채 권 자	제일이저축은행 [임의경매]		
기 타 용 도	-	소 유 자	정**	신 청 일	2008.10.24
감정평가액	2,300,000,000원	채 무 자	정**	개시결정일	2008.10.27
최저경매가	(80%) 1,840,000,000원	경 매 대 상	건물전부, 토지전부	감 정 기 일	2008.11.04
입찰보증금	(10%) 184,000,000원	토 지 면 적	73.91㎡ (22.36평)	배당종기일	2009.01.05
청 구 금 액	2,730,000,000원	건 물 면 적	144.2㎡ (43.62평)	취 하 일	2009.04.01
등기채권액	2,730,000,000원	제시외면적	0㎡	차기예정일	종국
물 건 번 호	1 [취하]				

❯ 물건사진/위치도

❯ 감정평가서 요약/진행결과/임차관계/등기권리

감정평가서 보기 GO

소재지/감정서	면적(단위:㎡)	진행결과	임차관계/관리비	등기권리
(135-110) 서울 강남구 압구정동 456,458,469,-1,456-1 현대 83동 13층 1301호 [지도] [토지이용] ▶ 건물구조 [구분건물] • 압구정역북동측인근 • 아파트,상가및관공서,금융기관소재 • 버스및마을버스정류장인근 • 압구정역도보2-3분소요 • 열병합지역난방 • 남측압구정로,서측현대길접합 • 도시계획시설도로및도로(압안),공원,공원(압안)저촉 • 역사문화미관지구 • 건축허가제한지역	대지 • 119545.3㎡중 122/197322 ⇒73.91㎡ (22.36평) 건물 • 144.2㎡(43.62평,48평형) (방5,화장실2) 총 14층 중 13층 보존등기 1978.12.23 대지감정 690,000,000 평당가격 30,858,680 건물감정 1,610,000,000 평당가격 36,909,680 감정기관 캐피탈감정	감정 2,300,000,000 100% 2,300,000,000 유찰 2009.02.26 ▶ 종국결과 취하 2009.04.01	▶ 법원임차조사 조사된 임차내역 없음 ▶ 전입세대 직접열람 정태준 2000.11.01 열람일 2009.02.16 ▶ 관리비체납내역 • 체납액:0 • 확인일자:2009.02.12 • 08/12까지미납없음 • ☎02-514-2301	*집합건물등기 소유권 정태준 이 전 2000.08.25 전소유자: 조주연 매매2000.06.24) 근저당 제일이저축은행 2007.10.19 2,730,000,000 [말소기준권리] 임 의 제일이저축은행 (관리부) 2008.10.27 청구액 2,730,000,000원 [등기부채권총액] 2,730,000,000원 열람일 2009.02.10 집합건물등기부확인 GO

(자료출처 : 태인경매정보)

우선 첫 주제로…
가장 단순한 유형을 보겠습니다.

1. 소유자 점유
2. 근저당 달랑 하나

권리분석을 할 게 아무것도 없어요.
위 예시 물건을 해석해 보면 이렇습니다.

기본 개요

진행하는 법원 : 서울중앙지방법원
사건번호 : 2008 타경 31738

물건 종류는 아파트(압구정 현대아파트)
감정가 23억이었는데, 2009년 2월 26일 입찰을 진행해서 유찰
다음 기일인 2009년 4월 2일에 18억 4천만 원으로 다시 진행될 예정이었
다가 멈춤
한번 유찰되면 20%씩 가격을 깎습니다.
(법원에 따라서 30%씩 가격을 깎는 곳도 있어요. 서울 지역 법원 : 20%, 경기/인천/그 외
지역 법원 : 30%)

여기까지가 이 물건에 대한 기본 개요가 되겠습니다.

<u>용어 해석</u>

2008 : 경매 사건이 접수된 연도가 2008년이란 뜻

타경 : 경매 사건에 붙이는 법원 분류표

31738 : 접수 번호

즉, 2008년에 접수된 경매 사건으로써 접수번호 31738 이란 뜻이 됩니다.

일반적으로 2008-31738 형식으로 씁니다.

<u>용어 해석</u>

유찰 : 경매 입찰 기일에 아무도 입찰하지 않은 것

저감률 : 유찰되면 물건 가격을 깎는데, 그때 깎는 비율

권리분석

말소기준권리 : 2007년 10월 19일자 저당권(저당권자 : 제일이상호저축은
행)
임차인 : 없음
등기상 권리를 훑어보면, 저축은행의 저당권 외에는 다른 내용은 없습니

다.

등기상 권리를 볼 때, 소유권이나 임의경매 등기는 굳이 볼 필요 없어요. 즉, 이 물건을 낙찰 받으면 저축은행의 27억짜리 저당권은 말끔하게 말소.

결론 : 인수되는 권리나 인수해야 할 임차인 없음

명도 예상

소유자(집주인) 점유하는 물건으로 낙찰 후 적당히 내보내면 끝나는 물건입니다. 명도의 난이도로 보자면 쉬운 편에 들어갑니다.

이상이에요.

더이상 권리분석이고 물건분석이고 할 게 없어요.

나머지는 시세를 조사해서 가격이 '맞냐' '안맞냐'만 판단하면 됩니다.

여기까지 읽어보면, 무슨 말인지 모르는 분들이 많을 겁니다.

정상이에요. 걱정마세요. 경매에 대해 모르니까 이 책을 보고 있겠죠.

앞으로 차근차근 배워보도록 할 테니까, 독자 여러분들은 그냥 제가 이끄는 대로 따라 오기만 하세요.

 여기서 잠깐…!!

명도의 난이도 : 명도는 일단 어려운 겁니다. 나가기 싫어하는 사람을 강제로 내보내는 게 쉬울 리가 없겠죠. 그래서 명도 난이도상 제일 쉬운 1단계는 '어려움'입니다.

1. 어려움
2. 조금 더 어려움
3. 많이 어려움
4. 더 많이 어려움
5. 아주 많이 어려움

제 1 장

권리분석의 시작

권리분석의 시작

감정가 vs 최저가

감정가 : 경매 물건이 법원에 접수되면, 법원에서는 그 물건의 가격을 매기는데, 그게 감정가이에요. 법원에서 조사 결정한 가격이다 해서 법사가란 말도 있는데, 요즘엔 거의 안 씁니다. 감정가는 단순히 경매를 시작하기 위한 출발 가격이라고 보면 됩니다. 시세와는 아무 관련이 없어요. 시세랑 같을 수도 있고, 시세보다 높을 수도, 낮을 수도 있거든요. 감정가를 기준으로 입찰가를 결정해서는 안 됩니다.

최저가 : 입찰자가 써낼 수 있는 금액의 하한선이란 뜻이에요. 낮은(즉, 싼) 가격이라는 뜻이 전혀 아니고요. 그냥 단순하게 입찰가를 쓸 때, 이 금액(최저가) 이상 써야 한다는 뜻입니다. 최저가 보다 낮은 가격을 쓰고 싶으면, 한 번 더 유찰되기를 기다려야 합니다.

유찰 : 아무도 입찰하지 않은 경우를 말합니다. 입찰에 응한 사람(=응찰자)가 없으면, 최저가를 낮춥니다. 이 가격이 비싸다는 뜻이 되니까요.

저감율 : 직전 가격의 20% 또는 30%
일반적으로 서울 관할 법원은 20%씩, 그 외 지역은 30%씩 가격을 낮춥니다.

소멸 vs 인수

경매 권리분석의 핵심은 미회수 채권을 누가 책임지는지 파악하는데 있습니다. 여기서 채무자가 책임지는 것을 소멸입니다. 낙찰자가 책임지는 것을 인수라 한다고 앞에서 배웠죠.

(경매 왜 나오나 참조)

은행 대출(또는 은행 빚)

은행 빚은 소멸/인수 관점에서 보면 무조건 소멸됩니다. 경매 사건의 대부분은 은행 빚을 못 갚아서 생기는데, 그 원인이 되는 은행 빚은 소멸 즉, 낙찰자가 책임질 일없다는 뜻이죠. 못 받은 은행 빚은 채무자를 따라갑니다.

빚이 없어진다는 뜻이 아니에요. 채무자는 끝까지 책임져야 합니다.

임차인 보증금

임차인의 (전세 또는 월세) 보증금은 소멸될 수도 있고, 인수될 수도 있습니다. 여기부터 실질적인 권리분석입니다. 앞으로 배우면서 알아가겠지만, 권리분석의 대부분은 결국 임차인 분석이거든요. 은행은 분석할 필요가 없어요. (다 소멸이니까~)

여기까지 보고, 다시 첫 물건(08−31738)을 보겠습니다.

감정가 : 23억 / 최저가 : 23억

즉, 2009년 2월 26일 현재 신건으로 최저가가 감정가 대비 100%인 23억입니다. 여기서 입찰자가 없으면(즉, 유찰되면), 감정가 대비 20% 저감된 가격(최저가 : 18억 4천만 원)으로 다음 기일에 경매가 진행될 겁니다.

권리분석

－은행 빛 : 2007년 10월 19일자 저당권 27억(채권자 제일이상호저축은행)－〉소멸

－임차인 없음－〉인수/소멸 따질 필요 없음

즉, 임차인은 없고, 은행 빛 27억이 있는 경매 물건인데, 은행 빛은 소멸되는 권리이기 때문에 낙찰자가 신경 쓸 필요가 없어요.➡입찰해도 되는 물건입니다.

은행 빛은 소멸이라는데, 그게 왜 소멸인지, 이제부터 '그것이 알고 싶다'를 해 보겠습니다…!!

중앙10계 2008-31738(1)

[압구정동] 아파트

경매10계(☎02-530-2714) 법원안내

관심사건등록 화면인쇄 보고서인쇄

기본정보

대법원사이트 보기 [GO] / 법원기본내역 보기 [GO]

대표소재지	서울 강남구 압구정동 456,458,469,-1,456-1 현대 83동 13층 1301호				
대 표 용 도	아파트 (48평형)	채 권 자	제일이저축은행 임의경매		
기 타 용 도	-	소 유 자	정**	신 청 일	2008.10.24
감정평가액	2,300,000,000원	채 무 자	정**	개시결정일	2008.10.27
최저경매가	(80%) 1,840,000,000원	경 매 대 상	건물전부, 토지전부	감 정 기 일	2008.11.04
입찰보증금	(10%) 184,000,000원	토 지 면 적	73.91㎡ (22.36평)	배당종기일	2009.01.05
청 구 금 액	2,730,000,000원	건 물 면 적	144.2㎡ (43.62평)	취 하 일	2009.04.01
등기채권액	2,730,000,000원	제시외면적	0㎡	차기예정일	종국
물 건 번 호	1 [취하]				

물건사진/위치도

  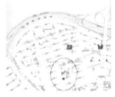 

감정평가서 요약/진행결과/임차관계/등기권리

감정평가서 보기 GO

소재지/감정서	면적(단위:㎡)	진행결과	임차관계/관리비	등기권리
(135-110) 서울 강남구 압구정동 456,458,469,-1,456-1 현대 83동 13층 1301호 지도 토지이용 ▶ 건물구조 [구분건물] • 압구정역북동측인근 • 아파트,상가및관공서,금융기관소재 • 버스및마을버스정류장인근 • 압구정역도보2-3분소요 • 열병합지역난방 • 남측압구정로,서측현대길접함 • 도시계획시설도로및도로(압안),공원,공원(압안)저촉 • 역사문화미관지구 • 건축허가제한지역	대지 • 119545.3㎡중 122/197322 ⇒ 73.91㎡ (22.36평) 건물 • 144.2㎡ (43.62평,48평형) (방5,화장실2) 총 14층 중 13층 보존등기 1978.12.23 대지감정 690,000,000 평당가격 30,858,680 건물감정 1,610,000,000 평당가격 36,909,680 감정기관 캐피탈감정	감정 2,300,000,000 100% 2,300,000,000 유찰 2009.02.26 ▶ 종국결과 취하 2009.04.01	▶ 법원임차조사 조사된 임차내역 없음 ▶ 전입세대 직접열람 정태준 2000.11.01 열람일 2009.02.16 ▶ 관리비체납내역 • 체납액:0 • 확인일자:2009.02.12 • 08/12까지미납없음 • ☎02-514-2301	*집합건물등기 소유권 정태준 이 전 2000.08.25 전소유자: 조주연 매매(2000.06.24) 근저당 제일이저축은행 2007.10.19 2,730,000,000 [말소기준권리] 임 의 제일이저축은행 (관리부) 2008.10.27 청구액 2,730,000,000원 [등기부채권총액] 2,730,000,000원 열람일 2009.02.10 집합건물등기부확인 GO

권리분석 (인수 vs 소멸)

중앙 10계 2008-31738 압구정동 아파트

소재지	서울 강남구 압구정동 현대아파트 83동 13층 1301호		
소유자/채무자	정OO	채권자	제일이상호저축
감정가	2,300,000,000	청구액	2,730,000,000
최저가	**1,840,000,000** (80%)	배당종기일	09.01.05

요약
✓ 소유권 (채무자)
✓ 임의경매
✓ 임차인 없음
✓ 저당권 27억 -> 소멸

권리분석 (인수 vs 소멸)

은행 빚 27억 (소멸)

 낙찰자 책임 無

결 론

깨끗한 사과

 입찰해도 되는 물건

말소기준권리

앞에서 은행 빚은 소멸이라고 했어요. 밑도 끝도 없이 무작정 '소멸이 되니까 그렇게 알아라'고 하니 황당할 겁니다. 부동산 경매라는 게 그래요. 기초부터 차근차근 가르칠 수 있는 분야가 아니거든요. 그러다 보니 처음 접하는 사람들이 기초를 잡기가 참으로 애매합니다. 일단은 제가 이끄는 대로 책장을 넘기다 보면 차츰차츰 알게 될 겁니다.

부동산 경매란…

우리가 흔히 생각하는 경매, 법원 경매에 대한 사전적인 정의, 법률적인 의미, 이런 건 인터넷 뒤져보면 많이 나오니까 찾아 보시구요.

필자가 생각하는 부동산 경매란…

부실한 부동산을 정상화하는 한 방법입니다. '채권-채무관계'가 복잡한 부동산을 깔끔하게 정리해 주는 게 경매이고, 자본주의 시장 경제체제에서 없을 수 없는 제도라고 생각합니다. 채무를 비롯한 여러 가지 이해관계로 인해 복잡해진 부동산, 그래서 소유자가 포기해 버린 부동산을 모든 채권, 채무 이해관계를 싹 정리하고는 새로운 소유자를 찾아서 넘겨주는 과정, 이게 경매입니다.

모든 권리관계를 싹 정리할 수 있는 기준을 정했는데, 그것을 '말소기준권리'라고 부릅니다.

▲권리관계를 정리해 주는 말소기준권리

등기부등본

부동산에 관한 권리관계는 부동산 등기부등본에 기재합니다. 이런 저런 채무관계, 이런 저런 권리관계를 해당 부동산의 등기부등본에 적어 두는 것이죠. 그래서 부동산 경매 권리분석은 등기부등본 보는 법부터 시작합니다.

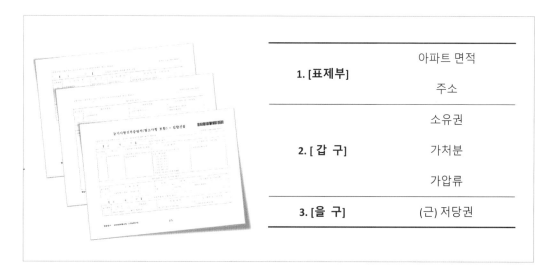

1. [표제부]		아파트 면적
		주소
2. [갑 구]		소유권
		가처분
		가압류
3. [을 구]		(근) 저당권

등기부등본에 기재되는 내용 : 부동산에 대한 기본 내역(주소, 면적 등등), 소유권 및 소유권에 대한 권리, 채무(빚)

앞에서 언급한 '말소기준권리'도 등기에 기록되는 권리 중 하나입니다.
등기에 기록되는 여러 권리 중 싹 정리(말소)하는 권리=말소기준권리.

등기부등본은 누구나 볼 수 있습니다.
해당 부동산의 주소만 알면 누구나 열람할 수 있어요. 등기소(또는 인터넷등기소)에서 열람 신청을 하면 됩니다. 내 집뿐만 아니라 옆집, 윗집, 아랫집 할 것 없이 어떤 집이든 볼 수 있습니다. 예를 들어, 아파트를 거래할 때, 사고팔거나 임대를 놓거나 얻을 때, 그 아파트의 소유주가 누구인지 빚은 있는지 없는지, 이런 정황들을 알아야 거래를 할 거 아닙니까. 그래서 등기부등본은 누구나 열람할 수 있도록 법으로 정해 놨습니다.
이 책을 읽는 독자께서(또는 여러분의 자녀가) 연애를 한다면, 조용히 상대편의 주소만 알아보세요. 그리고 살짝 등기를 떼어 보는 겁니다. 아~ 이 집이 누구 집이구나. 또는 빚이 많구나 하는 것을 파악할 수 있을 겁니다.

등기는 시간순이다

등기에 권리를 등재할 때는 등재되는 시간을 함께 기록합니다. 즉, 모든 등기권리는 시간순으로 나열할 수 있다는 뜻입니다. 그리고 기본적인 상식이겠지만, 먼저 기록되는 권리가 나중에 등재되는 권리보다 훨씬 유리합니다. (예, 경매에서 배당을 받더라도 앞선 권리가 먼저 배당을 받아요. 뒤 순서에 있는 채권〈권리〉은 배당 금액이 없어서 못 받는 경우가 생깁니다.)

등기부등본에서 먼저 온 권리는 선순위, 나중에 온 권리는 후순위라고 부릅니다.

전혀 어렵지 않은 용어죠.

말소기준권리

일단 규칙을 하나 외웁니다.

규칙① 등기상의 (근)저당권은 무조건 소멸이다.

소멸이라고도 하고 말소라고도 합니다. 등기에서 지우는 행위를 말소라고 부르거든요. 이건 그냥 외우는 겁니다. 왜냐? 법에 그렇게 쓰여(써)있으니까요. 굳이 해당 법조문을 읽어 볼 필요는 없어요. 읽어 봐야 뭔 소린지 모를 거예요. 법이란 게 그래요. 읽을 수는 있는데, 무슨 소린지는 모르는 거죠. 그냥 외웁시다. **"저당권=소멸"**

참고로 해당 법조문을 첨부합니다.

민사집행법 제91조 제2항 : 저당권—>소멸

민사집행법 제91조 2항

민사집행법

제91조(인수주의와 잉여주의의 선택 등) ①압류채권자의 채권에 우선하는 채권에 관한 부동산의 부담을 매수인에게 인수하게 하거나, 매각대금으로 그 부담을 변제하는 데 부족하지 아니하다는 것이 인정된 경우가 아니면 그 부동산을 매각하지 못한다.

②매각부동산 위의 모든 저당권은 매각으로 소멸된다.

③지상권·지역권·전세권 및 등기된 임차권은 저당권·압류채권·가압류채권에 대항할 수 없는 경우에는 매각으로 소멸된다.

④제3항의 경우 외의 지상권·지역권·전세권 및 등기된 임차권은 매수인이 인수한다. 다만, 그중 전세권의 경우에는 전세권자가 제88조에 따라 배당요구를 하면 매각으로 소멸된다.

⑤매수인은 유치권자에게 그 유치권으로 담보하는 채권을 변제할 책임이 있다.

앞의 압구정동 아파트 사례에서 은행 빚(27억)은 소멸이라고 했는데, 이제 그게 왜 소멸인지 그 이유가 나왔습니다. 바로 저당권이라서 소멸인 것입니다. "그것이 알고 싶다" 해결…!!

여기에 규칙이 하나 더 있습니다. 역시 외우세요.

규칙② **저당권보다 순위가 늦은 권리는 소멸된다.**

이것도 역시 법(민사집행법 제91조 3항)에 그렇게 쓰여 있어서 그런 것이
니까. 그냥 외우세요.

정리하면 이래요.

저당권은 소멸되고, 저당권보다 후순위 권리도 역시 소멸됩니다.

소멸이란 등기에서 지우는 걸 의미합니다. 즉, 등기말소, 등기부등본에
기록해 놨던 권리사항을 '빨간줄'로 지워버립니다. 그래서 소멸과 말소를 거
의 동의어처럼 사용합니다.

그래서 처음에 언급한 압구정동 현대아파트를 권리분석을 해보면 이렇습
니다.

저당권(저축은행 대출 27억)을 지우고, 저당권보다 늦게 들어온 임의경
매도 지웁니다. 그리고 새로운 소유자한테 소유권 이전 등기를 해주는 겁니
다. 그렇게 새로운 소유자 입장에서 등기부등본을 떼어 보면, 등기가 깨끗
(!!)한 상태가 되는 것이죠.

등기부등본에 권리관계가 많아도 효과는 마찬가지입니다.

저당권은 일단 소멸하고, 저당권 이하 후순위 권리는 그게 뭐가 됐든 그
냥 소멸입니다. 336 카페에 종종 올라오는 질문 중에 근저당보다 후순위에
가처분이 있어요. 소멸되나요? 하는 질문이에요. 걱정하지 마세요. 후순위
권리는 그게 뭐가 됐든 소멸입니다.

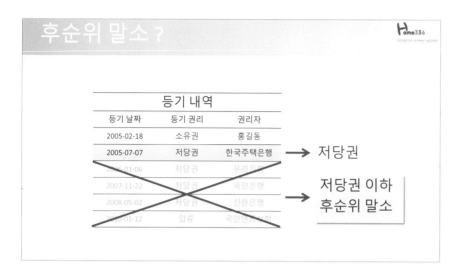

이렇게 저당권처럼 자동으로 소멸되고, 그 이후 후순위 권리까지 모두 소멸하게 만드는 권리를 '말소기준권리'라고 합니다.

말소기준권리의 핵심 : (근)저당권/가압류

저당권 외에 가압류도 말소기준권리에 해당합니다. 저당권과 똑같은 효과를 냅니다. 가압류는 자동소멸이고, 가압류 이하 모든 후순위 권리는 소멸되는 것이죠.

소멸된다는 표현을 썼는데, 그럼 누가 소멸(말소)시키는 것인가? 바로 법원입니다. 법원에서 직권으로 등기를 정리하고, 낙찰자에게 소유권을 넘겨주는 겁니다. 일반적인 상황에서는 권리 당사자(저당권자, 전소유자)가 관련 서류(말소 서류, 소유권 이전 서류)를 넘겨줘야 하지만, 경매에서는 그런 서류가 필요하지 않고, 법원이 요구하지도 않아요.

저당권/가압류 외에도 3가지가 더 있는데, 지금은 일단 이 2가지(저당권/가압류)만 기억(이해)하면 됩니다.

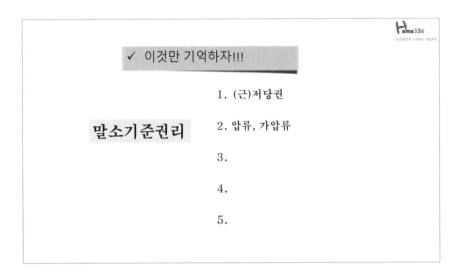

(근)저당권/가압류, 나머지는 아직 몰라도 된다.

권리분석 예제

가장 단순한 유형 풀어보기입니다.

지금까지 배운 분석법을 바탕으로 아래 사건을 분석해 봅시다.

소재지/감정서	면적(단위:㎡)	진행결과	임차관계/관리비	등기권리
(07937) 서울 양천구 신정동 325 목동신시가지 1111동 3층 304호 [목동동로 10] 지도 등기 토지이용	대지 • 104046.9㎡중 70.7/104046. 9 ⇒70.7㎡ (21.39평) 건물 • 66.24㎡ (20.04평) 총 15층 중 3층 보존등기 1988.11.05	감정 510,000,000 100% 510,000,000 변경 2015.09.16 ▶종국결과 취하 2015.11.24	▶법원임차조사 조사된 임차내역 없음 ▶전입세대 직접열람 GO 류** 1989.02.21 열람일 2015.09.03	*집합건물등기 소유권 류○ 이 전 1997.04.16 매매(1994.07.04)
[구분건물] • 서울특별시 양천구 신정동 소재 계남초등학교 북서측 인근에 위치하고 있는목동신시가지아파트 1111동 3층 304호로서, 본건 주위는 대단위 아파트 단지(목동신시가지아파트 10, 12, 13단지 신목동아파트 등)가 밀집된 지역으로 공공시설 및생활편의시설 등과의 접근성 등으로보아 제반 주거환경은 보통 정도임.	토지감정 357,000,000 평당가격 16,690,050 건물감정 153,000,000 평당가격 7,634,740 감정기관 김일수감정		▶관리비체납내역 •체납액:600,000 •확인일자:2015.09.02 •4개월(15/4-15/7) •전기포함수도가스별도 ☎ 02-6734-9993	근저당 수협중앙회 (의정부지점) 2006.03.09 345,600,000 [말소기준권리] 근저당 수협중앙회 (의정부지점) 2006.05.10 57,400,000
• 본건까지 차량의 출입이 가능하며, 인근 간선도로변에 노선버스정류장이 소재하고본건의 동측 인근에지하철 2호선 양천구청역이 소재하고 있는 등, 제반교통상황은대체로 무난한 편임. • 철근콘크리트조 스라브지붕 15층건중 3층 304호로서외벽: 시멘몰			▶관할주민센터 양천구 신정7동 ☎ 02-2620-4305	근저당 수협중앙회 (의정부지점) 2009.05.25 강 제 이○ 2015.06.12 (2015타경10803) 청구액 40,000,000원

배당의 원칙 : 등기 순서대로….

배당을 할 때는 기본적으로 등기 순서를 따릅니다. 먼저 온 놈 먼저 받고, 남는 금액이 있으면 다음 순서가 받는 거죠. 그래서 등기 순서를 파악하는 게 중요합니다.

순위	낙찰 1.5 억		
1	10월 1일	근저당 A 1억	1 억
2	11월 1일	근저당 B 1억	5 천
3	12월 1일	근저당 C 1억	-

이건 기본 원칙이구요. 앞으로 조금씩 변형되는 방식을 보게 될 겁니다.
함께 분석해 보시죠.
말소기준권리보다 먼저 온 권리는 어떻게 되는가?

선순위 권리라고 하면, 말소기준권리보다 먼저 온 권리를 말합니다.
반대로 후순위 권리라고 하면, 말소기준권리보다 늦게 온 권리를 말합니다.

▶ 감정평가서 요약/진행결과/임차관계/등기권리

감정평가서 보기 GO

소재지/감정서	면적(단위:㎡)	진행결과	임차관계/관리비	등기권리
(462-130) 경기 성남시 중원구 성남동 4859 로그인한진 2층 205호 [지도] [토지이용] ▶ 건물구조 [구분건물] · 모란종합시장북측인근 · 근린상가,빌라,주택밀집 · 버스정류장및모란역인근 · 도시가스보일러개별난방 · 도시계획시설도로접함 · 철근콘크리트벽돌조 · 철근콘크리트	대지 · 1536.2㎡ 중 28.55/1612 ⇒27.2075㎡ (8.23평) 건물 · 59.828㎡ (18.1평) (방3) 총 6층 중 2층 보존등기 2007.11.22 감정기관 통일감정	감정 250,000,000 100% 250,000,000 정지 2008.07.21 100% 250,000,000 유찰 2008.09.22 ▶ 종국결과 취하 2008.10.17	▶ 법원임차조사 **윤원근** 전입 2006.04.04 확정 - 배당 - 보증 - 점유 - (현황조사서상) **김윤희** 전입 2006.11.10 확정 2007.10.22 배당 2008.02.21 보증 6000만 점유 - ·총보증금:60,000,000 [임대수익률계산] ▶ 전입세대 직접열람 GO 윤** 2006.04.04 열람일 2008.07.08 ▶ 관할주민센터 성남시 중원구 성남동 ☎ 031-729-6615	· 건물등기 소유권 한진연립재건축조합 보존 2007.11.22 가처분 전남숙 2007.12.07 가압류 배승호 2007.12.10 340,000,000 [말소기준권리] 강제 박종덕 2007.12.18 (2008.10.17자 취하 되어 말소) 청구액 125,000,000원 가압류 진광건설엔지니어링 건축사사무소 2008.02.18 147,100,000 (매수인인수) [등기부채권총액] 487,100,000원 열람일 2008.11.05 토지별도등기 있음 집합건물등기부확인 GO

이런 경우는 어떻게 될까?

여기서의 말소기준권리는 '가압류'

가압류 이하 강제, 가압류는 말소

다시 정리하면…

1번–2007년 12월 07일 : 가처분

2번–2007년 12월 10일 : 가압류 ––––– 말소기준권리

3번–2007년 12월 18일 : 강제경매

4번–2008년 02월 18일 : 가압류

그리고 2번 가압류, 3번 강제경매, 4번 가압류… 말소… 이렇게 된다.

여기까지는 배웠습니다.

가압류보다 먼저 온 가처분은 어떻게 될까요?

말소기준권리보다 늦게 온 권리에 대해서는 말소한다고 규정되어 있는데, 먼저 온 권리에 대해서는 특별한 규정이 없습니다. 그러면 법원은 당연히 아무것도 안합니다. 등기부등본에서 지우지 않은 채 그대로 남겨 놓는 것이죠.

즉, 새로운 소유자(낙찰자)가 등기부등본을 떼어 봤을 때, 2007년 12월 7일자 가처분은 그대로 등기에 보입니다. 그리고 등기는 누구나 열어볼 수 있잖아요. 부동산 사장님이나 또 다른 매수자(또는 임차인)이 등기를 열어보면, 당연히 가처분이 보일 겁니다. 이래서는 거래를 할 수가 없죠.

이런 걸 선순위 권리라고 부릅니다. 그중에도 이놈은 가처분이니까, 선순위 가처분이라고 부르는 거죠.

선순위 가처분을 법원이 지워주지 않았으니, 낙찰자가 직접 지워야 합니다. 하지만 낙찰자가 마음대로 지우는 건 못합니다. 바로 권리자(가처분권자)에게 지워 달라고 부탁해야 합니다. 그러면 가처분권자가 그냥 지워줄까요? 아니죠. 뭔가 요구하겠죠. 보통은 돈을 요구합니다. 이게 바로 '인수'입니다. 가처분을 떠안은 것이고, 가처분권자가 요구하는 것을 들어줘야 합니다.

얼마를 요구할 지(즉, 인수금액을) 파악하고 입찰을 해야 하는데, 그게 파악 혹은 협상이 안 되면(인수금액을 모르면) 입찰할 수 없는 겁니다.

선순위(인수) / 후순위(소멸)

1.	소유권 보존 ㅇㅇㅇ		선순위 인수
2.	가처분 ㅇㅇㅇ ⟶ 인수		
3.	근저당 ㅇㅇㅇ		말소기준권리
4.	임의경매 ㅇㅇㅇ ⟶ 소멸		후순위 소멸
5.	압류 ㅇㅇㅇ ⟶ 소멸		

선순위 권리 -> 인수

말소기준 권리

후순위 권리 -> 소멸

여기까지의 교육 목표 : 용어 습득, 경매 용어 익숙해지기

말소기준권리란? : 근저당 또는 가압류
등기부등본 상에서 지워지는 권리 그리고 그 후순위 권리도 지워진다.

선순위/후순위란? : 말소기준권리를 기준으로 나뉜다.
말소기준권리보다 먼저 오면 선순위, 늦게 오면 후순위다.
선순위는 인수, 후순위는 소멸이다.

제 **2** 장

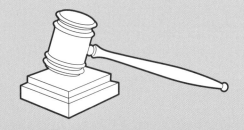

임차인

임대차 보호법

임차인(또는 세입자)에게는 권리가 있습니다.
-임대차 기간 동안 해당 주택을 점유하고 거주할 권리
-임대차 기간이 끝나면, 보증금을 돌려받을(보호를 받을) 권리

임차인의 권리관계를 규정해 놓은 법이 임대차보호법입니다.
주택에 대해서는 주택임대차보호법(보통 주임법이라고 줄여 말하곤 합니다.)
상가에 대해서는 상가임대차보호법(역시 상임법이라고 줄여 말하죠.)
주택임대차보호법상의 여러 내용 중에 우리가 가장 흔하게 알고 있는 내용은 임대차 기간이죠. 법으로 정한 임대차 기간은 기본 2년이에요.
(앞으로 임대차 관련 권리분석은 주택을 기준으로 합니다.)

임대차보호법에 주택의 임대차 기간은 최소 2년을 보장하도록 되어 있습니다. 만약 계약기간을 1년으로 하는 임대차 계약서를 작성했다 하더라도, 법에 의해서 2년을 자동으로 보장해 줘야 하는 거죠. 집주인이 (계약대로) 1년 만에 나가라고 해도, 임차인은 법조문에 의거해서 2년까지 거주할 수 있

는 것입니다. 반대로 임차인이 (계약기간) 1년이 지났으니 나가겠다고 하면 집주인은 보증금을 돌려줘야 합니다. 임차인에게 유리한 조항이에요. 그러나 임차인에게 유리한 조항을 넣은 데는 이유가 있어요. 그만큼 임차인이 현실에서는 임대인에 비해 불리한 경우가 많다는 뜻이거든요.

세상일은 동전의 양면과 같아요. 앞면이 있으면 뒷면이 있는 법입니다.

임차인이 계약기간을 못 채우고 나가는 경우를 생각해 볼까요. 그런 경우 임대인(집주인)은 보증금을 바로 돌려주지 않아요. 아니 못 돌려주는 거죠. 돈을 은행에 쌓아 놓고 있는 집주인은 드물거든요. 새로운 임차인을 구해서 새 임차인한테 받는 보증금으로 빼주는 게 일반적인 상황이에요. 그리고 새임차인을 구하는데 들어가는 부동산 중개비(복비)는 기존 임차인이 부담하는 게 현실입니다.

물론 법적으로 따지면 임차인을 구하는데 들어가는 복비는 임대인(집주인)이 내는 게 맞습니다. 그런데 현실에서는 임차인이 내고 있어요. 목마른 사람이 우물을 파는 거죠.

법 이름을 잘 보세요. 임대차보호법입니다. 임차인보호법이 아니에요. 임대와 임차. 즉, 세를 놓는 것과 세를 구하는 것 사이의 계약관계를 규정(보호)하기 위한 법이에요.

대신에 임차인이 임대인에 비해서 사회적 약자의 위치에 처하는 경우가 많기 때문에 임차인을 배려하는 방향으로 법이 제정되어 있어요.

대표적인 게 2020년 7월에 발표된 임대차3법이죠. 임차인에게 계약갱신청구권을 부여, 전월세상한제(갱신 시 기존 계약금액의 5% 이상 증액 불가), 전월세신고제 등의 내용이 담겨 있습니다.

이제부터 경매에 처한 임차인에 대해 배우면서 그런(임차인을 배려하는) 부분을 살펴보게 될 것입니다.

임차인의 권리

임차인에게는 3가지 권리가 있습니다. 아니 정확하게 말해서, 경매가 진행되는 집에 사는 임차인에게는 3가지 권리가 있습니다.

대항력 / 우선변제권 / 배당요구

1. 대항력

낙찰자가 찾아와서 나가라고 할 때, 안 나가고 계속 살 수 있는 권리 또는 보증금을 전부 돌려받고 나갈 권리입니다. 이걸 대항력이라고 합니다. '대항한다. 누구에게? 낙찰자에게' 임차인에게 대항력이 있을 수도 있고, 없을 수도 있어요. 어떤 경우에 있고, 어떤 경우에 없는지 앞으로 배울 겁니다.

2. 우선변제권

배당을 받을 권리 즉, 낙찰 대금 중에 보증금에 해당하는 금액만큼 돌려받을 권리입니다. 이걸 우선변제권이라고 합니다. 우선변제권은 임차인보다 후순위 채권자에 비해서 먼저 (우선해서) 배당을 받을(변제) 권리를 말합니다.

대항력과 마찬가지로, 임차인에게 우선변제권이 있을 수도 있고, 없을 수도 있습니다.

경매 낙찰 후
임차인이 배당을 받을 수 있으려면?

3. 배당요구

　　2번 우선변제권과 연관되는 권리인데, 임차인은 배당요구를 할 수 있습니다. (또는 해야 합니다.) 우선변제권이 있음에도 배당요구를 안하면 배당에서 제외되거든요. 앞으로 자세하게 배울 내용입니다.

　　이 3가지 권리를 조합하면 다양한 임차인이 나오게 됩니다.
　-대항력이 있는 상태에서 우선변제권이 있거나 또는 없거나
　-대항력이 없는 상태에서 우선변제권이 있거나 또는 없거나

대항력	우선변제권	배당요구	임차인의 처지	낙찰자의 상황
O	O	O	안심/행복	주의요망
		X		
	X	O		
		X		
X	O	O	불안/근심	걱정없음
		X		
	X	O		
		X		

대항력

대항력 - 전입 신고 필수

주택 임대차 보호법

제3조(대항력 등) ① 임대차는 그 등기(登記)가 없는 경우에도 임차인(賃借人)이 주택의
인도(引渡)와 주민등록을 마친 때에는 그 다음 날부터 제삼자에 대하여 효력이 생긴다.
이 경우 **전입신고를** 한 때에 주민등록이 된 것으로 본다.

② 주택도시기금을 재원으로 하여 저소득층 무주택자에게 주거생활 안정을 목적으로 전세임대주택을 지원하는 법인이 주택을 임차한 후 지방자치단체의 장 또는 그 법인이
신청한 입주자가 그 주택을 인도받고 주민등록을 마쳤을 때에는 제1항을 준용한다. 이 경우 대항력이 인정되는 법인은 대통령령으로 정한다. 〈개정 2015.1.6.〉
③ 「중소기업기본법」 제2조에 따른 중소기업에 해당하는 법인이 소속 직원의 주거용으로 주택을 임차한 후 그 법인이 선정한 직원이 해당 주택을 인도받고 주민등록을
마쳤을 때에는 제1항을 준용한다. 임대차가 끝나기 전에 그 직원이 변경된 경우에는 그 법인이 선정한 새로운 직원이 주택을 인도받고 주민등록을 마친 다음 날부터
제삼자에 대하여 효력이 생긴다. 〈신설 2013.8.13.〉
④ 임차주택의 양수인(讓受人)(그 밖에 임대할 권리를 승계한 자를 포함한다)은 임대인(賃貸人)의 지위를 승계한 것으로 본다. 〈개정 2013.8.13.〉
⑤ 이 법에 따라 임대차의 목적이 된 주택이 매매나 경매의 목적물이 된 경우에는 「민법」 제575조제1항·제3항 및 같은 법 제578조를 준용한다. 〈개정 2013.8.13.〉
⑥ 제5항의 경우에는 동시이행의 항변권(抗辯權)에 관한 「민법」 제536조를 준용한다. 〈개정 2013.8.13.〉
[전문개정 2008.3.21.]

임차인은 전입을 하고 나면 그때부터 임차인이 됩니다. 임대차보호법이
규정하는 법적 지위를 갖는 임차인을 뜻합니다. 전입을 하지 않은 채, 단순
히 전월세 계약을 하고 보증금을 지급하고 살기만 하면, 법적인 보호를 받
지 못해요. 예를 들면, 2년 임대차 기간 보장 같은 권리가 없다는 얘기죠.

핵심 : **임차인은 반드시 전입을 해야 하고, 그때부터 임차인의 법적 지위를
얻게 되며, 대항력도 생긴다.**

 여기서 잠깐...!!

＊대항력에 대한 의미 정의

임대차보호법에 의하면 대항력은 전입한 다음 날부터 제삼자에 대하여 효력
이 생긴다고 합니다. 여기서 말하는 제삼자란….

우리가 경매에서 말하는 대항력은 훨씬 좁은 의미로 사용합니다. 이때의 제
삼자란 낙찰자를 말하고, 바로 그 낙찰자에 대하여 효력이 있는지 없는지

(즉, 권리를 주장할 수 있는지 없는지)를 따지는 게 경매에서의 대항력입니다.

그러면 임차인의 대항력은 어떻게 해야 생기는 걸까?

어떤 경우에 대항력이 있고, 어떤 경우에 대항력이 없는가?

경매 권리분석의 시작은 말소기준권리로부터

앞장에서 선순위/후순위 권리에 대해 배웠죠.

말소기준권리보다 빠르면 선순위, 늦으면 후순위입니다.

선순위 = 인수, 후순위 = 소멸

임차인도 그와 똑같은 규칙이 적용됩니다.

이때 임차인은 전입을 해야 되는 거니까. 바로 전입과 말소기준권리를 비교합니다.

말소기준권리보다 먼저 전입했으면, 선순위 임차인 = 대항력 있음

말소기준권리보다 늦게 전입했으면, 후순위 임차인 = 대항력 없음

간단한 규칙이고, 전혀 어렵지 않아요.

임차인 입장에서는 그냥 은행 대출보다 먼저 전입하면 만고 땡이란 얘기죠.

즉, 은행 대출 없는 깨끗한 집에 전세 들어갔는데, 내가 전입한 이후에 대출(저당권)이 생기는 것을 신경 쓸 필요가 없다는 뜻입니다.

 여기서 잠깐…!!

임차인이 전입을 하지 않으면, 임차인이 아니에요.
말소기준권리와 비교할 수도 없고, 비교할 필요도 없죠.
임차인이 아니기 때문이에요. 그냥 아무런 권리가 없어요. 대항력 자체가 없는 겁니다.
즉, 낙찰자한테 이길 수 없다는 뜻이죠. 나가라고 하면 (보증금을 받았든 못 받았든 상관없이) 군말 없이 나가야 합니다.

[권리분석 실패 사례]에서 살펴봤던 사건을 다시 볼까요.

사례 1

권리분석을 해보겠습니다.

말소기준권리 : 2011년 11월 1일자 근저당
임차인 전입일 : 1997년 4월 10일

임차인 전입일이 말소기준권리(근저당) 날짜보다 무려 14년이나 빠릅니다. 선순위 임차인이고, 대항력이 있는 거죠. 이 임차인의 보증금은 인수입니다.

(배당 여부는 다음 장에서 배우겠습니다. 지금은 인수 여부만 파악하세요.)

하나 더 있었죠. 마저 보겠습니다.

사례 2

권리분석을 해보면….

말소기준권리 : 2011년 1월 11일자 근저당

임차인 전입일 : 2008년 7월 23일

전입일이 말소기준권리(근저당) 날짜보다 3년 빠릅니다. 선순위 임차인이고, 대항력이 있는 거죠. 이 임차인의 보증금 역시 인수입니다.

전입과 저당권이 같은 날짜라면?

이제 선순위 임차인과 후순위 임차인의 개념은 확실히 잡으셨죠? 그런데 만약 전입일과 저당권 설정일, 이 두 날짜가 같다면 어떻게 될까요?

다시 법을 보겠습니다. 법에 의하면, 대항력은 "전입신고 다음 날부터" 효력이 생긴다고 합니다.

즉, 임차인의 실제 대항력 발생일은 전입한 다음 날인 겁니다. 오늘 전입했으면, 실제로는 내일부터 (법적으로) 임차인인 거죠.

실제 사례를 하나 볼까요.

말소기준권리 : 2015년 3월 12일자 근저당

전입일자 : 2015년 3월 12일

말소기준권리와 전입일이 3월 12일로 같아요. 그러면 이 임차인은 법에 의해서 다음 날인 3월 13일부터 대항력이 발생합니다. 즉, 말소기준권리보다 늦어지니까, 후순위 임차인(=소멸)이 됩니다.

임차인 입장에서 억울한 조항이에요.

권리분석			
15.03.12	근저당	234,000,000	말소기준권리
15.03.12	전입	125,000,000	소 멸
15.09.24	가압류		
15.11.26	가압류	125,000,000	

2016년 11월 24일에 낙찰이 됩니다. 낙찰가 223,999,999원

근저당 금액보다도 1천만 원이나 낮습니다.

결국 임차인은 (대항력이 없음=소멸) 한 푼도 못 받고 집을 비워줘야만 하는 처지가 된 겁니다.

집주인은 은행에서 2억 정도 되는 돈을 대출을 받고, 같은 날 임차인에게 또다시 1억 2천500만 원을 받아 챙긴 겁니다. 합이 3억 2천500만 원이네요. 집값(낙찰가=2억 2천400만 원)보다 1억이나 더 받았습니다. 그러고는 잠적, 은행 이자 연체, 그러면 은행은 경매 처분, 은행은 대출액의 대부분을 배당으로 회수하고, 임차인은 소멸됩니다.

어떻게 이런 일이 생기는 걸까요?

전세 구하기 팁…!!

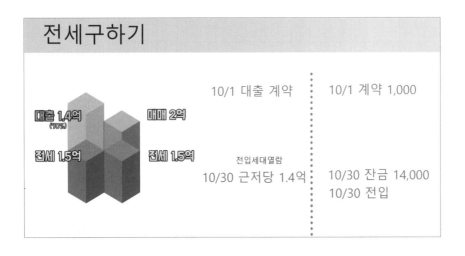

임차인 전입일과 동시에 은행 대출을 실행시키는 사기 수법

우리가 지금까지 배운 대항력(임대차보호법 제3조 제1항) 조항에 의하면, 임차인의 대항력은 전입한 다음 날 효력이 생깁니다. 이에 따라 근저당 설정일과 전입일이 같으면, 임차인은 후순위가 되서 대항력이 없고, 보증금을 배당받지 못할 확률도 높아집니다.

이 대항력 조항을 이용한 사기 사건이 가끔 발생하곤 하는데, 집주인이 임차인 몰래 대출을 받는 경우가 있습니다. 전세를 계약하고 잔금을 지불할 때까지 임차인에게 대출이 발생할 것이라는 사실을 숨기고 있다가 임차인이 이사하는 당일 날 잔금을 받자마자 바로 대출을 실행시키는 수법이죠.

그렇게 되면, 같은 날 은행 근저당과 임차인의 전입이 발생하는데, 임대차보호법 제3조 제1항(대항력 조항)에 의해서 임차인은 다음 날부터 대항력이 발생하게 되고, 후순위 임차인이 됩니다.

이러한 사기 사건은 발생하고 나면 어떻게 할 방법이 없어요. 이미 지난 일이 되니까요. 이런 건 미연에 방지하는 게 상책입니다. 어떻게…? 방법은 의외로 간단합니다.

그냥… 이사하기 전날 전입신고를 하면 됩니다.

그렇게 되면 은행 근저당보다 전입날짜가 하루 빠르게 되니까, 선순위 임차인이 되고, 혹시나 전셋집이 경매에 들어간다 하더라도 보증금을 100% 안전하게 지킬 수 있는 거죠.

그런데 이 글을 읽는 여러분들 중에는 이사하는 날 전입은 고사하고 바쁘다는 핑계로 이리 저리 시간을 허비하다가 이사하고 일주일 후, 또는 한 달이 지난 후에 전입하는 경우가 많았을 겁니다. 아니면 아예 전입이 뭐냐? 이러면서 그냥 사는 경우도 왕왕 있을 것이고, 그게 얼마나 위험한 행동인지 깨달았으면 좋겠습니다.

전입이 저당권보다 하루 빠르면?

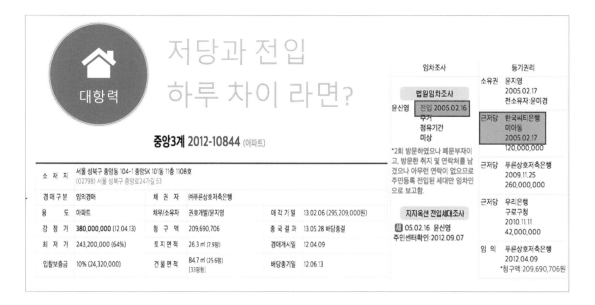

전입일자 : 2005년 2월 16일

말소기준권리 : 2005년 2월 17일 근저당

말소기준권리(2월 17일)보다 전입일(2월 16일)이 하루 빨라요. 법에 의하면 임차인의 대항력은 다음 날 발생하죠. 그럼 이 사건의 임차인의 대항력 발생일은 2월 17일입니다. 이런 경우 어떻게 될까요?

법에는 그냥 다음 날이라고 되어 있을 뿐, 몇 시부터라는 언급은 없습니다. 굳이 법에 언급할 필요는 없죠. 상식적으로 다음 날 몇 시부터 발생일까요? 맞아요. 당연히 0시 자정 땡 하는 순간 대항력 발생입니다. 그에 비해서 저당권 설정은 몇 시었을까요? 정확히 몇 시에 설정했는지는 모르지만, 몇 시부터 할 수 있는지는 다 알죠? 등기소 업무 시작하는 시간=오전 9시입니다. 즉, 아무리 빨라도 오전 9시 이전에 설정하는 건 불가능하다는 얘깁니다. 결국 대항력은 0시에 효력에 발생합니다. 등기 설정은 오전 9시 이후이고, 그래서 대항력이 있는 선순위 임차인이 됩니다. 이것을 익일 0시 효력 발생이라고 말합니다.

결론 : 날짜가 빠르면 빠른 것. 고민 끝…!!

우선변제권(확정일자)

지금까지 임차인의 대항력에 대해 알아봤습니다. 대항력은 배당하고는 아무 상관이 없어요. 단지 인수냐 소멸이냐 이것만 따지거든요.

임차인이 배당을 받으려면, 확정일자가 있어야 합니다. 확정일자 다 받아봤죠? 이사하고 전입 신고할 때 전월세계약서에 받는 빨간색 날짜 도장입니다.

임대차보호법 제3조의2(보증금의 회수) 조항에 의해서, 임차인이 확정일자를 받으면, 채권을 확보하는 효과를 얻게 됩니다. 임차인 입장에서 상당히 편리한 조항이에요. 따로 채권을 확보하기 위한 노력(저당권 설정, 전세권 설정 또는 가압류와 같은)을 하지 않아도 된다는 뜻이거든요.

확정일자!

우선변제권

제 3 조의 2 (보증금의 회수) ① 임차인(제 3 조제 2 항의 법인을 포함한다. 이하 같다)이 임차주택에 대하여 보증금반환청구소송의 확정판결이나 그 밖에 이에 준하는 집행권원(執行權原)에 따라서 경매를 신청하는 경우에는 집행개시(執行開始)요건에 관한 「민사집행법」 제 41 조에도 불구하고 반대의무(反對義務)의 이행이나 이행의 제공을 집행개시의 요건으로 하지 아니한다.

② 제 3 조제 1 항 또는 제 2 항의 대항요건(對抗要件)과 임대차계약증서(제 3 조제 2 항의 경우에는 법인과 임대인 사이의 임대차계약증서를 말한다)상의 확정일자(確定日字)를 갖춘 임차인은 「민사집행법」에 따른 경매 또는 「국세징수법」에 따른 공매(公賣)를 할 때에 임차주택(대지를 포함한다)의 환가대금(換價代金)에서 후순위권리자(後順位權利者)나 그 밖의 채권자보다 우선하여 보증금을 변제(辨濟)받을 권리가 있다.

③ 임차인은 임차주택을 양수인에게 인도하지 아니하면 제 2 항에 따른 보증금을 받을 수 없다.

등기 순서대로 나열된 권리를 사이 어딘가에 임차인의 배당 순서가 들어 가는 거죠.

확정일자가 있는 경우와 없는 경우 배당이 어떻게 달라지는 지 살펴보겠 습니다.

가정을 해보겠습니다.
1순위 근저당 A 1억
2순위 전입 임차인 1억
3순위 근저당 B 1억

그런데 2순위 임차인은 확정일자가 없어요.

확정일자 없는 경우

낙찰 1.5억

1. 근저당 A : 1억	1억
전입 임차인 : 1억	X
2. 근저당 B : 1억	5천

임차인에게 확정일자가 없으면, 배당에 참여할 수 없습니다. 그냥 배당표에서 빠지는 거죠. 전입 순서로 따지면 임차인이 2순위였으나, 배당표에서 빠지면서, 3순위 근저당 B가 2순위로 배당을 받게 됩니다.

낙찰대금 1억 5천만 원 중에서 1순위 근저당 A에게 1억 주고, 남은 5천은 임차인 건너뛰고, 그 다음 순위(배당 2순위)인 근저당 B에게 주는 겁니다.

확정일자 있는 경우

낙찰 1.5억

1. 근저당 A : 1억	1억
2. 전입 (확정) : 1억	5천
3. 근저당 B : 1억	-

임차인에게 확정일자가 있으면, 배당에 참여할 수 있습니다. 즉, 배당표에 들어가는 거죠.

낙찰대금 1억 5천만 원 중에서

1순위 근저당 A 1억, 남은 5천은 2순위인 임차인에게 배당되고, 3순위 근저당 B는 배당이 없는 겁니다.

 여기서 잠깐...!!

확정일자는 단지 배당 참여 여부만 결정합니다. 다시 말해서 확정일자가 있다고 해서 보증금 전액을 돌려받는 게 아니에요. 일단 배당에 참여해서 순서를 따지고, 그 순서에 따라서 배당을 받는 겁니다. 순서에서 밀리면 보증금 중 일부(또는 전부)를 못 받을 수도 있어요.

배당을 받기 위한 최종 관문 : 배당요구

확정일자를 받았다고 해서 끝이 아닙니다. 배당요구를 해야 돼요.

임차인이 배당을 받기 위해서는 전입+확정+배당요구. 이 3박자를 고루 갖추고 있어야 합니다. 셋 중에 하나라도 빠지면 배당을 못 받는 겁니다.

게다가 배당요구를 배당요구 마감일(배당종기일) 전까지 해야 합니다. 그 날짜를 넘기면 배당요구를 안 받아 줍니다. 절차 진행상 어쩔 수 없는 측면이 있어요. 경매 일정을 진행해야 하니까요.

임차인 중에 바쁘게 살다 보니까, 아차하고 그 날짜를 넘기는 경우가 가끔 있습니다. 배당을 못 받는 안타까운 경우가 생기기도 합니다.

전입이 없으면 애초에 임차인 아닌 거니까 배당이고 뭐고 없는 겁니다. 대항력도 없었잖아요.

확정일자가 없으면 법에 의해서 배당 자체가 안 되고요.

배당요구는 임차인의 의사표현이에요. 배당을 받겠다는 의사표현이거든요. 배당요구를 안했다는 것은 곧 배당을 받지 않겠다는 의사표시로 해석되는 겁니다.

배당요구

이때 법원에 제출하는 서류에는 주민등록등본과 임대차계약서가 필수로 들어갑니다.

주민등록등본 : 내가 그 집에 살고 있다는 증거이자 동시에 전입일자 확인

임대차계약서 : 확정일자 여부 및 임대차 보증금

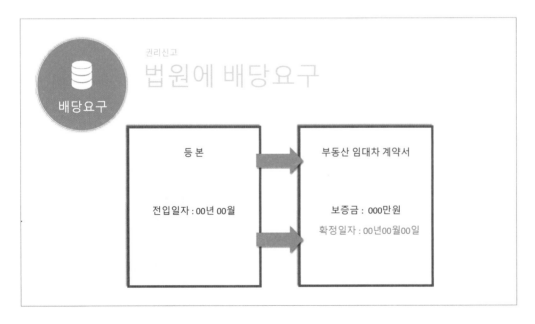

임차인이 배당요구를 하면, 이 2가지 서류가 법원에 들어가기 때문에 법원에서 이 임차인의 존재(전입, 확정, 보증금)를 알 수 있습니다. 그리고 동시에 입찰자도 법원서류(매각물건명세서, 현황조사서)를 통해서 이 정보를 접할 수 있게 됩니다.

 여기서 잠깐…!!

임차인이 배당요구를 하지 않으면, 임차인의 존재(확정일자, 보증금)를 알 수 없습니다. 법원이 모르는 거죠. 서류가 들어오지 않았으니까. 그러면 입찰자도 그 정보를 알 길이 없습니다. 법원서류(매각물건명세서, 현황조사서)에 기록이 없을거든요.

사례분석

1. 전입+확정+배당요구 : 3박자 고루 갖춘 경우

임차인 분석
전입일자 : 2009. 01. 22
확정일자 : 2009. 01. 22
배당요구 : 2009. 05. 08

이 경우 임차인은 배당에 참여할 수 있습니다.

권리분석

말소기준권리 : 2000. 10. 04 저당권 조흥은행

임차인 전입 : 2009. 01. 22 후순위-〉소멸

배당순위

딱 봐도 꼴지(7순위)네요. 배당금(낙찰가 346,936,000원)이 그 순서까지 남을 거 같지 않습니다. 이럴 수도 있습니다. 배당 3박자를 다 갖췄지만, 순서에서 밀리면 못 받을 수 있어요.

2. 전입만 있는 경우(확정일자/배당요구가 없는 경우)

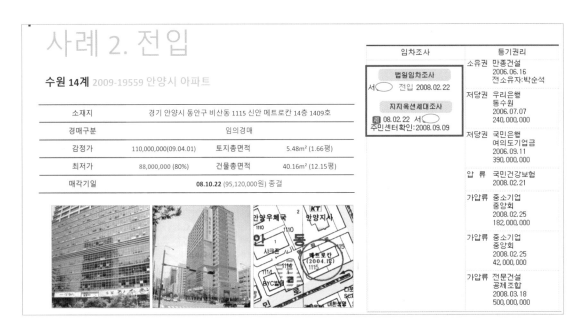

임차인 분석

전입일자 : 2008. 02. 22

확정일자 : x

배당요구 : x

이 경우 임차인은 배당에 참여할 수 없습니다.

권리분석

말소기준권리 : 2006. 07. 07 저당권 우리은행

임차인 전입 : 2008. 02. 22 후순위 임차인->소멸

대항력이 없어서 집을 비워줘야 하는 임차인입니다. 게다가 배당도 받을 수 없어요. 보증금을 한 푼도 못 받고 나가야 하는 상황이죠.

3. 전입 없이 배당요구만 한 경우

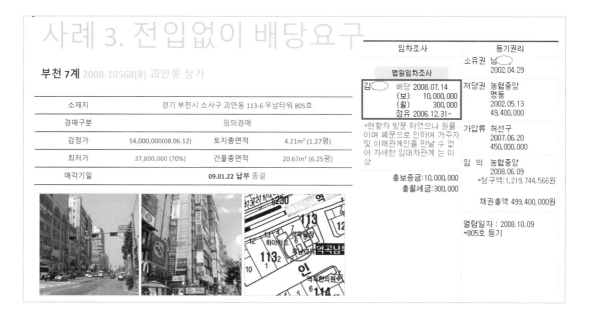

임차인 분석

전입일자 : x

확정일자 : x

배당요구 : 2008. 07. 14

이 경우 임차인은 배당에 참여할 수 없습니다. 정확히 말하면 임대차보호법상의 임차인이 아니죠. 아무런 권리가 없습니다.

권리분석

말소기준권리 : 2002. 05. 13 저당권 농협

임차인 전입 : 없음->대항력 자체가 없음. 법적으로 임차인 아님. 소멸

에피소드 : 호적 파는 거 아니니, 자녀를 꼭 세대 분리해 주자.

 여기서 잠깐...!!

전국의 학부모님들 특히 대학생 자녀가 있는 부모님들은 반드시 기억하세요. 자녀를 타지역(보통은 서울/수도권)에 유학을 보낼 때, 전월세를 얻으면, 꼭 자녀를 꼭 그 집에 전입을 시키세요. 아무 생각 없이 그냥 주소를 본가에 놔두다가 이런 일을 당하면 난감해집니다. 보증금 한 푼도 못 건져요. 세대 분리한다고 호적에서 파는 거 아니거든요.

권리분석 순서

권리분석은 이렇게 합니다. 이 순서를 명심하세요.

1. 말소기준권리 찾기
✓ (근) 저당권
✓ 가압류

2. 임차인 선순위/후순위 파악
✓ 전입날짜

3. 임차인 배당순위
✓ 전입 & 확정일자

임차인 배당순위

이번 장에서는 본격적으로 임차인의 배당순위를 따져 보겠습니다. 등기 순서 상 어디에 임차인을 끼워 넣을 것인가. 그 방식을 알아보겠습니다.

1. 전입날짜와 확정일자가 같은 경우

1. 전입날짜와 확정일자 같은 경우

예)

10.1	근저당 A	1억
11.1	전입	1억
11.1	확정	
12.1	근저당 B	1억

날짜가 같으면 고민할 게 없어요. 그냥 전입날짜(또는 확정일자)를 보면 됩니다. 등기부등본 상의 권리를 사이에 날짜 순서에 맞게 끼워 넣으면 되는 거죠.

보증금 중 일부밖에 못 받는 후순위 임차인

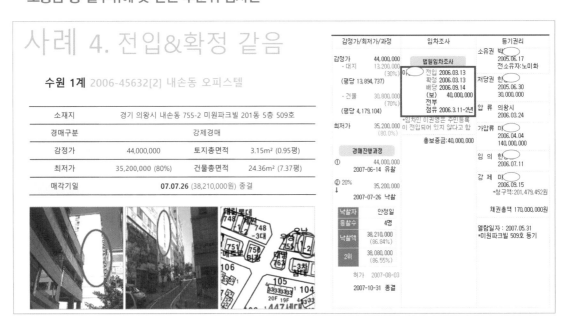

필자가 2007년에 낙찰을 받은 오피스텔입니다.

임차인 분석
전입일자 : 2006. 03. 13
확정일자 : 2006. 03. 13
배당요구 : 2006. 09. 14

권리분석

권리분석 순서

1. 말소기준권리 찾기
✓ (근) 저당권
✓ 가압류

2. 임차인 선순위/후순위 파악
✓ 전입날짜

3. 임차인 배당순위
✓ 전입 & 확정일자

이 순서를 항상 기억하세요.
1단계 : 말소기준권리 : 2005. 06. 30 저당권 한OO
2단계 : 임차인 전입일자 : 2006. 03. 13 후순위 임차인─〉소멸
3단계 : 배당순위 (낙찰가 : 38,210,000원)

후순위 임차인이므로 낙찰자 입장에서 인수할 사항은 없습니다. 걱정할
거 없이 입찰하면 되는 거죠. 임차인이 배당을 '받느냐, 못받느냐' 하는 건,
솔직히 말해서 내 알바 아닌 겁니다.
그래도 배당을 한번 살펴보겠습니다. 배당표로 명도의 난이도를 어느 정
도는 가늠할 수 있거든요.
일단, 임차인의 배당순위를 먼저 보면요. 임차인의 전입일(06. 03. 13)/확
정일자(06. 03. 13)에 의해서, 근저당(05. 06. 30)보다는 후순위고, 압류(06.

03. 24)보다는 선순위가 됩니다.

표로 정리해보면, 아래와 같습니다.

순위		권리분석 : 배당순위			
1	05.06.30	근저당	30,000,000	말소기준권리
2	06.03.13	전입(확정)	40,000,000	소 멸
3	06.03.24	압류		
4	06.04.04	가압류	140,000,000	

낙찰가는 38,210,000원. 선순위 근저당(3천만 원)을 제하면 대략 8백만 원 정도가 남습니다. (경매비용 등은 계산에서 뺐습니다.) 보증금을 거의 다 날렸네요. ㅠ.ㅠ

보증금을 거의 다 받는 후순위 임차인

후순위 임차인이라고 해서 항상 보증금을 떼이기만 하는 건 아닙니다. 후순위 임에도 불구하고 다행히 보증금을 거의 다 배당을 받는 경우도 있습니다. (낙찰대금이 충분할 경우)

배당을 받는 후순위 임차인이라면 명도의 난이도가 좀 수월해지죠.

(자료 제공 : 태인경매정보)

임차인 분석
전입일자 : 2001. 12. 04
확정일자 : 2001. 12. 04
배당요구 : 2006. 10. 04

권리분석 순서(말소기준권리-〉임차인 선순위/후순위-〉배당순위)

1단계 : 말소기준권리 : 2001. 03. 31 저당권 국민은행
2단계 : 임차인 전입일자 : 2001. 12. 04 후순위 임차인-〉소멸
3단계 : 배당순위(낙찰가 : 41,520,000원)

이것도 마찬가지 후순위 임차인이므로 특별한 위험부담 없이 입찰하면
되는 물건입니다. 등기 내용이랑 임차인 내용을 종합해서 살펴보면, 2001년
3월 31일 저당권 이후에 임차인이 2001년 12월 4일 전입+확정, 이어서 가
압류(06. 05. 03)가 들어왔네요.

표로 정리해 보면 다음과 같이 되죠.

날짜	권리	금액
2001-03-31	저당권	590
2001-12-04	전입	3,700
2001-12-04	확정	
2006-05-03	가압류	5,000
2006-06-23	임의경매	26,150

낙찰대금 4천152만 원에서 1순위 저당권 590만 원을 제하면, 3천562만
원. 전체 보증금 3천700만 원 중에서 200~300만 원 정도 덜 받는다는 얘기
가 됩니다.
이 정도면 은행 대출이 낀 집에 전세 들어왔다가 경매 당한 세입자 치고
는 운이 좋은 편입니다. 보증금 중 상당액을 돌려받잖아요. 낙찰자 입장에
서도 명도에 부담이 없는 경우에 해당합니다.

2. 전입날짜와 확정일자가 다른 경우

지금까지 알아본 사례는 전입일과 확정일자가 같은 경우였습니다. 그런 경우에는 배당순위 정하기 별로 어렵지 않아요. 그냥 무심코 전입일 가지고 결정을 하면 되는 거죠. 그런데 실제 사례를 접해보면, 두 날짜(전입일과 확정일자)가 다른 경우가 상당히 많습니다. 이런 경우는 **둘 중에 늦은 날짜**로 배당순위를 잡으면 됩니다.

임차인 배당순위

2. 전입날짜와 확정일자 다른 경우

예)

10.1	근저당 A	1억
11.1	전입	1억
12.1	근저당 B	1억
12.30	확정	

만약 이렇다 하면, 전입이 11월 1일, 확정이 12월 30일이라면, **둘 중에 늦은(확정) 날짜**인 12월 30일이 배당순위가 됩니다. 반대로 전입이 확정일자보다 늦는 경우에는 전입날짜로 배당순위를 잡는 것이고요.

실제 사례를 보고 분석해 보겠습니다.

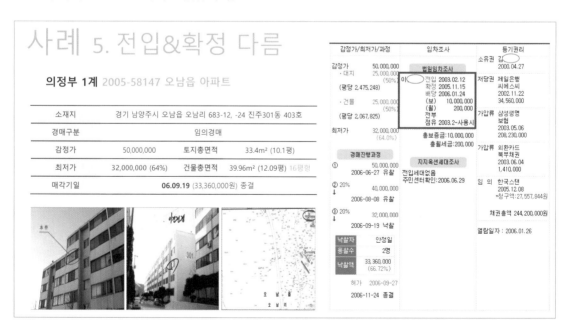

임차인 분석

전입일자 : 2003. 02. 12

확정일자 : 2005. 11. 15

배당요구 : 2006. 01. 24

권리분석(순서 기억하시죠?)

1단계 : 말소기준권리 : 2002. 11. 22 저당권 제일은행

2단계 : 임차인 전입일자 : 2003. 02. 12 후순위 임차인-〉소멸

3단계 : 배당순위(낙찰가 33,360,000원)

임차인 전입 이후에 가압류 2건 들어왔고, 그 이후에 확정일자를 받았습니다. 이럴 때 임차인의 배당순위는 전입과 확정 중에 늦은 날짜에 맞추는 겁니다. 그러면 이번 케이스의 임차인은 (전입과 확정 중 늦은 날짜인) 확정일(2005. 11. 15) 순서에 배당을 받게 됩니다.

표로 그려보면 이렇게 되겠죠.

순위	권리분석 : 배당순위			
1	02.11.22	근저당	34,560,000	말소기준권리
	03.02.12	전입	10,000,000	소 멸
2	03.05.06	가압류	208,230,000	
3	03.06.04	가압류	1,410,000	
4	05.11.15	확정		

만약에 전입일이 확정일자보다 늦으면 어떻게 될까요? 그때는 당연히 전입일자에 맞춰야 합니다. 하여간 **둘 중에 늦은 날짜**에 맞추는 겁니다. (반드시 기억!!)

한발 더 깊이 들어가 보기

전입과 확정 중에 늦은 날짜에 맞추는 이유
(경고 : 복잡한 법조문, 판례가 나옵니다. 정신의 평화를 위해 굳이 안 읽어도 됩니다.)

1. 전입〈확정(확정일자가 늦는 경우)
: 확정일자가 기준이 되는 이유

임대차보호법 제3조의 2
대법원 판례(92다30597)

확정일자의 효력 발생 시점
주택임대차보호법 제3조의2 제2항에 보면 **"대항요건과 임대차계약증서상의 확정일자를 갖춘 임차인"** **"후순위권리자나 그 밖의 채권자보다 우선하여 보증금을 변제를 받을 권리"**라는 문구가 있습니다.
즉, 전입과 확정일자를 갖춰야 비로소 배당을 받을 자격이 생긴다는 뜻이고 순서도 정해났습니다. "후순위 권리자나 그 밖의 채권자보다 우선하여"라고, 여기서 후순위란 확정일자보다 후순위를 뜻합니다.

이는 대법원 판례(92다30597)를 통해서도 확인됩니다.
【판결요지】
가. 주택임대차보호법 제3조의2 제1항은 대항요건(주택인도와 주민등록전입신고)과 임대차계약증서상의 확정일자를 갖춘 주택임차인은 후순위권리자 기타 일반채권자보다 우선하여 보증금을 변제받을 권리가 있음을 규정하고 있는바, 이는 임대차계약증서에 확정일자를 갖춘 경우에는 부동산 담보권에 유사한 권리를 인정한다는 취지이므로, 부동산 담보권자보다 선순위의 가압류채권자가 있는 경우에 그 담보권자가 선순위의 가압류채권자와 채권액에 비례한 평등배당을 받을 수 있는 것과 마찬가지로 위 규정에 의하여 우선변제권을 갖게 되는 임차보증금채권자도 선순위의 가압류채권자와는 평등배당의 관계에 있게 된다.

　나. 가압류채권자가 주택임차인보다 선순위인지 여부는, 주택임대차보호법 제3조의2의 법문상 임차인이 확정일자 부여에 의하여 비로소 우선변제권을 가지는 것으로 규정하고 있음에 비추어, 임대차계약증서상의 확정일자 부여일을 기준으로 삼는 것으로 해석함이 타당하므로, 대항요건을 미리 갖추었다고 하더라도 확정일자를 부여받은 날짜가 가압류일자보다 늦은 경우에는 가압류채권자가 선순위라고 볼 수밖에 없다.

　(출처 : 대법원 1992. 10. 13. 선고 92다30597 판결【배당이의】 [공1992. 12. 01.(933),3138])

　위 판례에서 밑줄을 보면 됩니다.

　2. 확정〈전입(전입일이 늦는 경우)

　간단히 생각해 보면 결론이 도출됩니다.

　확정일자를 먼저 받았으니, 그 날짜에는 아직 전입을 안했다는 얘기입니다. 전입이 없으면, 임차인이 아닌 거죠. 배당이고 뭐고 없습니다. 날짜가 흐르고 뒤늦게 전입을 합니다. 그때서야 비로소 임차인이 됩니다. 전입을 하고 나서야 배당에 참여할 자격이 생기죠.

　앞에서 살펴본 임대차보호법 제3조 2를 보면 그 이유가 명확해집니다.

　"대항요건과 임대차계약서상의 확정일자를 갖춘 임차인"이라고 명시되어 있죠.

　대항요건+확정일자 둘 다 갖추고 있어야 비로소 배당 받을 임차인이 되는 겁니다.

　자, 그래서 정리하자면 이렇습니다.

　읽어도 무슨 말인지 모른 법조문이니 판례니 하는 건 잊어버리고요.

　[전입과 확정, 둘 중에 늦은 날짜]에 배당

전입이 말소기준권리보다 빠른 경우

임차인 배당순위

4. 전입 선순위   낙찰 1.5억

예)

10.1	전입	1억
11.1	근저당 A	1억
12.1	확정	

이제 다 배웠습니다. 권리분석 순서대로만 분석하면 저절로 풀릴 겁니다.

권리분석 순서
1. 말소기준권리
2. 임차인 대항력 유무(즉, 선순위/후순위 파악)
3. 임차인 배당순위(전입&확정 중 늦은 날짜)

1. 말소기준권리는 근저당 A가 되겠죠.
2. 임차인 대항력 유무
전입일자를 보면, 말소기준권리(근저당 A)보다 빠릅니다. 즉, 선순위-〉
인수
즉, 배당을 다 못 받으면, 남는 보증금은 낙찰자가 인수해야 하죠.
3. 배당순위
전입(10월 1일)과 확정(12월 1일)중에 늦은 날짜인 확정(12월 1일)에 배
당

1순위 근저당 A 1억
2순위 임차인 1억

임차인 배당순위

4. 전입 선순위

낙찰 1.5억

예)

10.1	전입(선-인수)	배당요구
11.1	근저당 A(말소기준권리)	1억
12.1	확정	5천

낙찰이 1억 5천이라고 할 때, 근저당 A 1억 주고, 남는 5천이 임차인에게 배당됩니다.

결론 : 임차인 1억 보증금 중에 5천 배당. 못 받은 5천은 낙찰자 인수

확정이 말소기준권리보다 빠른 경우

임차인 배당순위

5. 확정일자 빠른 경우

낙찰 1.5억

예)

10.1	확정	
11.1	근저당 A	1억
12.1	전입	1억

역시 권리분석 순서대로만 분석하면 저절로 풀릴 겁니다. 고민할 거 없습니다.

권리분석 순서

1. 말소기준권리

2. 임차인 대항력 유무(즉, 선순위/후순위 파악)

3. 임차인 배당순위(전입&확정 중 늦은 날짜)

1. 말소기준권리는 근저당 A가 되겠죠.

2. 임차인 대항력 유무

전입일자를 보면, 말소기준권리(근저당 A)보다 늦습니다. 즉, 후순위→ 소멸

즉, 배당을 다 못 받으면, 남는 보증금은 소멸(채무자 책임)되는 거죠.

3. 배당순위

전입(12월 1일)과 확정(10월 1일)중에 늦은 날짜인 전입(12월 1일)에 배당

1순위 근저당 A 1억

2순위 임차인 1억

임차인 배당순위

5. 확정일자 빠른 경우   낙찰 1.5억

예)			
10.1	확정		
11.1	근저당 A(말소기준권리)	1억	
12.1	전입(후순위-소멸)	1억	

낙찰이 1억 5천이라고 할 때, 근저당 A 1억 주고, 남는 5천이 임차인에게 배당됩니다.

결론 : 임차인 1억 보증금 중에 5천 배당. 못 받은 5천은 그냥 소멸

여기서 잠깐...!!

가끔 확정일자가 (말소기준권리보다) 빠르면 대항력이 있다고 착각하는 사람들이 있습니다. 확정일자(말소기준권리보다) 빠른 건 아무 의미가 없습니다. 확정일자는 대항력을 따지는 게 아니거든요. 대항력은 오로지 전입만 가지고 따집니다. 확정일자는 배당순위에 관여할 뿐이죠. 그것도 전입보다 빠르면, 결국 전입날짜로 귀결됩니다. 그래서 결국은 전입하는 날 함께 확정일자를 받는 게 가장 효율적인 방법입니다.

임차인 배당
순위

핵심

전입과 확정일자 중
늦은 날짜로 결정한다.

배당요구하지 않은 선순위 임차인

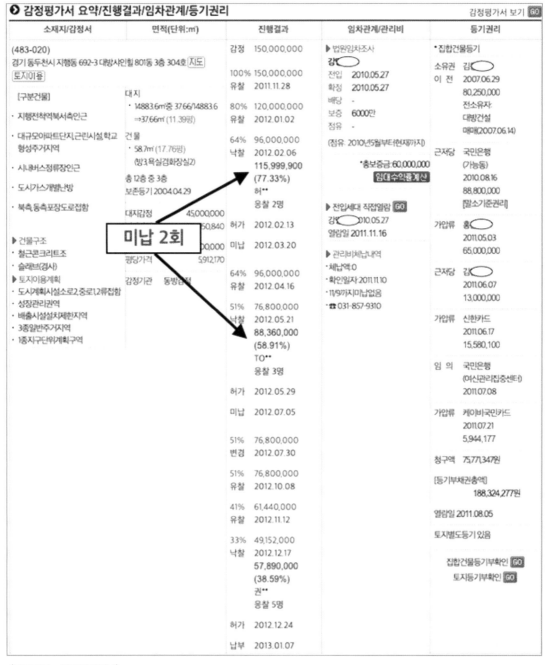

(자료제공 : 태인경매정보)

임차인 분석

전입, 확정은 있는데, 배당요구가 없네요.

배당요구가 없으면, 배당은 못 받습니다.

권리분석을 해볼까요.

말소기준권리 : 2010. 08. 16 근저당 국민은행

임차인 대항력 : 전입(2010. 05. 27) 말소기준권리(2010. 08. 16)보다 빠르네요. 선순위-〉인수

배당순위 : 임차인은 배당을 못 받습니다. 등기상 권리끼리(근저당, 가압류 등등) 배당순위를 정하면 됩니다.

결론 : 임차인 보증금 인수

인수금액은 6천만 원… (???)일까요?

 여기서 잠깐…!!

배당요구를 안했다는 얘기는 그 임차인의 보증금을 모른다는 뜻입니다. 법원도 모르고, 법원이 모르니 우리도 모르는 겁니다.

이해가 안 되신다면 앞으로 돌아가서 배당요구 항목을 다시 보세요.

이 임차인의 보증금이 6천만 원이라는 건 어떻게 알았죠? 업체에서 제공하는 권리분석에 있으니까? 그럼 그 업체는 어떻게 알았을까요? 법원 배당요구에는 없는 정보를 거기 적힌 대로 6천일 수도 있고, 아닐 수도 있다는 얘기에요. 그걸 액면 그대로 받아들이면 안 됩니다.

임차인이 배당요구를 하고 그 내용이 기록된 법원서류(물건명세서, 현황조사서)은 그대로 믿어도 됩니다. 혹시 그 내용이 사실과 다르다면 그 이유로 해서 낙찰 불허가를 받아 낼 수 있어요.

현장 탐문을 통해서 임차인 만나서 물어봤더니 6천이라고 했다? 이건 법적 효력이 없습니다. 낙찰을 받고 찾아가서 6천 줄 테니까 나가세요. 이랬더니. 어? 나는 1억 6천인데요. 이러면 어쩝니까.

앞의 사건 기록을 보면 2번이나 미납했던데, 아마도 보증금 6천만 원을 그대로 믿고 입찰 들어갔던 게 아닐까 싶어요.

저라면 이런 사건에 입찰을 안 합니다. 아니 못합니다. 인수금액을 모르면
입찰 불가니까요. 물론 철저한 탐문을 통해서 믿을 만한 정보를 얻었다면,
입찰해도 되는 겁니다. 당연히….

경매지 분석을 맹신하지 말자

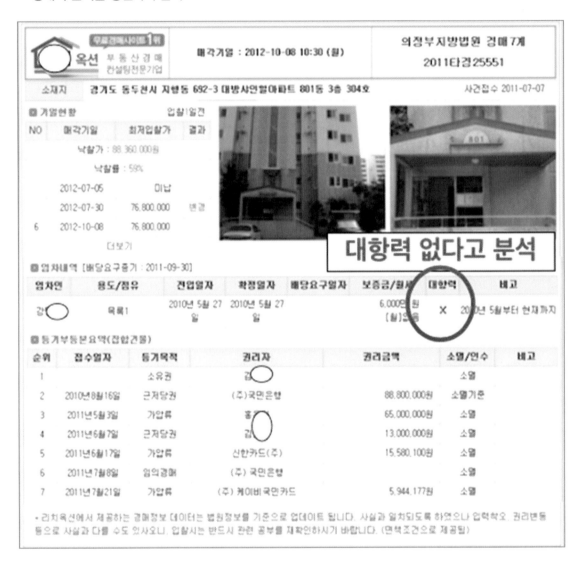

어떤 업체에서는 이 물건을 대항력이 없다고 분석했습니다.
위장 임차인으로 본 모양이에요.

위장 임차인 잡는 법

위장 임차인은 실제로 살지 않으면서 전입만 해 놓은 임차인을 말합니다. 선순위 임차인이 있는 줄 알고 아무도 입찰을 안 하는 물건이 있는데, 알고 봤더니 위장 임차인이다. 그런 물건은 낙찰을 받아서 위장 임차인을 내보내면 아주아주 대박입니다. 아무도 입찰을 안 할 테니까 싸게 낙찰을 받을 수 있거든요.

법에 의하면, 대항력 요건으로 이렇게 나와 있어요.
임대차보호법 제3조
제3조 (대항력 등) ①임대차는 그 등기(登記)가 없는 경우에도 임차인(賃借人)이 **주택의 인도(引渡)와 주민등록을 마친 때**에는 그 다음 날부터 제삼자에 대하여 효력이 생긴다. 이 경우 전입신고를 한 때에 주민등록이 된 것으로 본다.

"주택의 인도와 주민등록" 이 조항이 의미하는 바는 그 집에 실제로 점유하고 살아야 한다는 뜻이거든요. [점유&전입] 요건이죠.

서류상 전입만 해 놓고 실제 살지 않으면 임차인이 아닌 거예요. 가끔 청문회보면 위장 전입 얘기가 많이 나오잖아요. 바로 그 얘기입니다. 불법이죠. 만약 그런 위장 임차인을 발견하면, 명도 소송을 통해서 내보내고 집을 넘겨받을 수 있습니다. 즉, 인수가 아니라 소멸인거죠.

이런 걸 가정해 볼까요.
선순위 임차인이 있는 집을 낙찰 받고 가봤더니 아무도 안 살아요. 문 따고 들어가 봤더니 먼지만 뽀얗게 쌓여 있어요. 위장 임차인이 확실하구나. 하고 소송을 걸어요. 그랬더니 임차인(이라고 주장하는 사람)이 나는 바닥을 안 밟고 다닌다. 책상 모서리 의자 등받이 위로 사뿐사뿐 날아다닌다고 주장해요.

밥 해먹은 흔적도 없고, 냉장고도 없고, 가스 전기 전혀 사용한 흔적이 없어요. 그랬더니 임차인(이라고 주장하는 사람)이 '나는 밥은 안 해 먹는다. 생쌀과 솔잎만 먹는다. 곧 우화등선할 몸이다'라고 주장해요.

주변을 탐문해보니, 지난 몇 개월(또는 몇 년) 동안 이 사람을 본 사람이 없어요. 주변 약국, 병원, 마트 어디서도 이 사람이 다녀간 흔적이 없어요. 그랬더니 해외(또는 지방) 출장(또는 주재원 또는 유학)갔던 것이다.

위장 임차인 잡는 거 쉽지 않습니다. 너 위장 임차인이지? 그러면 어? 어떻게 알았지? 하고 당장 짐 싸서 나갈 거 같나요?

[점유&전입] 요건 중에 서류상 전입은 있으니까, 현황 상 점유를 깨겠다는 얘긴데, 어떻게 증명할 건가요? 보통 만만한 문제가 아닙니다. 그거 깨기 위해 알아볼 동안 다른 물건 여러 개 입찰하는 게 더 이익이에요.

여러 성공담을 읽어 보면, 손에 땀을 쥐고 흥미진진합니다. 나도 그렇게 할 수 있을 거 같아요. 그런 성공담을 보면, 아~ 내가 무협지 한 편을 읽었구나 생각하세요. 무협지 읽으면서 주인공마냥 나도 장풍을 쏘고, 절벽에서 뛰어내리고 할 거 아니잖아요. 딱 그런 느낌으로 읽으시면 됩니다.

 여기서 잠깐...!!

경매 정보업체가 제공하는 권리분석은 보지 맙시다. 권리분석은 내가 스스로 하는 겁니다. 경매 정보업체가 제공하는 기본자료(등기부등본, 세대열람, 각종 법원 서류)를 참고해서, 직접 권리분석을 하는 습관을 들이세요.

보증금 증액

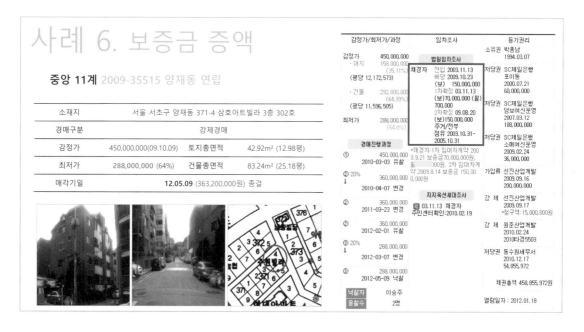

사례 6. 보증금 증액

중앙 11계 2009-35515 양재동 연립

소재지	서울 서초구 양재동 371-4 삼호아트빌라 3층 302호		
경매구분	강제경매		
감정가	450,000,000(09.10.09)	토지총면적	42.92㎡ (12.98평)
최저가	288,000,000 (64%)	건물총면적	83.24㎡ (25.18평)
매각기일	**12.05.09** (363,200,000원) 종결		

감정가/최저가/과정

감정가	450,000,000
·대지	158,000,000
	(35.11%)
(평당 12,172,573)	
·건물	292,000,000
	(64.89%)
(평당 11,596,505)	
최저가	288,000,000
	(64.0%)

경매진행과정

①	450,000,000
	2010-03-03 유찰
② 20% ↓	360,000,000
	2010-04-07 변경
②	360,000,000
	2011-03-23 변경
②	360,000,000
	2012-02-01 유찰
③ 20% ↓	288,000,000
	2012-03-07 변경
③	288,000,000
	2012-05-09 낙찰

낙찰자	이승주
응찰수	2명

임차조사

법원임차조사

채경자	전입 2003.11.13
	배당 2009.10.23
	(보) 150,000,000
	1차확정 03.11.13
	(보)70,000,000 (월)
	700,000
	2차확정 09.08.20
	(보)150,000,000
	주거/전부
	점유 2003.10.31-
	2005.10.31

*채경자:1차 임대차계약 200
3.9.21 보증금70,000,000원,
월...000원, 2차 임대차계
약 2009.8.14 보증금 150,0
00,000원

지지옥션세대조사

예 03.11.13 채경자
주민센터확인:2010.02.19

등기권리

소유권	박종남
	1994.03.07
저당권	SC제일은행
	포이동
	2000.07.21
	60,000,000
저당권	SC제일은행
	담보여신운영
	2007.03.12
	108,000,000
저당권	SC제일은행
	소매여신운영
	2009.02.24
	36,000,000
가압류	선진산업개발
	2009.09.16
	200,000,000
강 제	선진산업개발
	2009.09.17
	+청구액:15,000,000원
강 제	원준산업개발
	2010.02.24
	2010타경5503
저당권	동수원세무서
	2010.12.17
	54,855,972

채권총액 458,855,972원

열람일자 : 2012.01.18

임차인이 살면서 보증금을 증액한 경우입니다. 이런 경우의 권리분석(임차인 배당분석)은 별로 어렵지 않아요. 그냥 각각의 보증금을 증액한 날짜(확정일자)에 맞춰서 배당표를 짜면 되거든요.

임차인이 애초(2003. 11. 13)에 7천 보증금에 살다가 6년 후인 2009. 08. 20에 8천을 증액해서 총액 1억 5천이 됐어요. 그럼 보증금 7천과 8천을 각각 다른 날짜에 배당 받는다는 얘깁니다. 1억 5천을 한 번에 배당 받는 게 아니고….

글로 길게 설명하려면 헷갈리기만 합니다. 배당표를 짜볼게요. 표를 보면 한 눈에 알 수 있을 거예요.

임차인 배당순위

6. 보증금 증액 (2차 확정)

예)

			낙찰가 (만원)	36,320
			채권액 (만원)	배당 (만원)
1	00.07.21	저당권 SC은행	6,000	6,000
2	03.11.13	전입(확정)	7,000	7,000
3	07.03.12	저당권 SC은행	10,800	10,800
4	09.02.24	저당권 SC은행	3,600	3,600
5	09.08.20	2차 확정	8,000	8,000
6	09.09.16	가압류	20,000	920

다행히 임차인은 배당을 다 받을 수 있습니다.

살다보면 보증금을 올려가면서 사는 경우가 많습니다. 2년, 4년, 6년 단위로 계약기간이 만료될 때, 다른 곳으로 이사 가지 않고, 살던 집에서 그대로 계약 연장을 하는 거죠. 이때 주변 시세에 맞춰서 보증금을 조정하게 됩니다. (대부분의 경우 전세 시세가 오르다 보니까, 보증금을 올려주게 되죠.

보증금을 올리는 만큼 계약서를 새로 작성하게 되거든요. 그때 새로 작성한 계약서에 반드시 확정일자를 받아야 합니다. 확정일자를 받아놓지 않으면, 증액한 금액에 대해서는 배당을 못 받게 되는 겁니다. 5%만 올리더라도 버릴 돈이 아니라면 확정일자를 꼭 받아놓으셔야 한다는 이야기죠.

이건 사실 요즘 거의 상식이라 확정일자를 안 받는 경우는 드문 거 같은데요. 진짜 문제는 뭐냐 증액하면서 그 집의 등기를 안 떼어본다는 거예요. 처음 계약할 때는 당연히 등기도 떼어보고 이것저것 확인해 보고 계약을 하죠. 근데 살던 집을 증액할 때는 그냥 별생각 없이 (아니 별생각 없는 게 아니라, 올려 줄 보증금 마련할 걱정에만 사로잡혀 있죠) 보증금을 올려주고 맙니다.

위 사건처럼 내가 처음 들어올 때랑 몇 년 후랑 등기가 달라질 수 있는 거예요. 살다가 중간에 근저당이 들어왔다. 그러면 2번째 보증금(증액분)은 중간에 들어온 근저당보다 늦게 배당을 받게 되는 거죠.

위 사례를 예로 들어보면, 임차인이 2003년 11월에 7천만 원으로 전입할 때는 은행 근저당 6천밖에 없었어요. 아마 그건 알고 들어오겠죠. 그리고 6년 후인 2009년에 8천만 원을 증액합니다. 그런데 그 전에 2차례(2007년 3월, 2009년 2월)에 걸쳐서 근저당이 설정됩니다. 각각 1억 800, 3천600 합계 1억 4천400입니다.

위 사례의 경우 낙찰가가 3억 6천(충분) 하기에 망정이지 혹시 낙찰가 3억 이하였다면… 앞에 3, 4순위 근저당 배당해 주느라 임차인의 2차(증액분) 5순위 8천만 원은 배당을 못 받을 뻔 했어요.

그래서 살던 집에 증액을 하게 되면요. 반드시 등기를 확인해 보세요. 중간에 변경사항(주로 근저당 또는 가압류 설정)이 없었는지 확인해 보고 증액해 주셔야 합니다. 봤더니 뭐가 있더라, 그럼 그걸 꼭 짚어야 합니다. 증액한 보증금으로 은행 근저당을 갚는 건지, 그 근저당이 있어도 금액상 충분한지 꼭 알아보세요.

 여기서 잠깐…!!

계약서를 갱신하면서 원 계약서를 폐기하는 경우가 많은데, 그것도 역시 안 됩니다. 만약 그랬다가 그 집이 경매에 넘어가면, 최초의 확정일자가 없는 게 되잖아요. (확정일자는 계약서에만 찍혀 있는데, 그 계약서를 분실하거나 폐기하면 최초의 확정일자를 증명할 길이 사라지는 겁니다.) 그렇게 되면 확정일자가 2차 확정일로 밀려서 배당도 늦게 받는 경우가 생깁니다.
계약을 갱신하게 되더라도 원 계약서는 꼭 보관하셔야 합니다. 이때 꼭 원본이 아니라도 상관없어요. 복사본이라도 가지고 계시면 됩니다. 가끔 집주인이 원 계약서를 폐기하자는 사람들이 있거든요. 그럼 굳이 실랑이 할 필요 없이 원 계약서 복사해 놓고, 폐기하면 됩니다.

사례 ㉮

저당권 이후 전입, 왜?
(근저당 말소하기로 특약)

사례 7. 저당권 말소 특약

수원 1계 2006-45632[2] 내손동 오피스텔

소재지	경기 의왕시 내손동 755-2 미원파크빌 201동 5층 509호	
경매구분	강제경매	
감정가	44,000,000	토지총면적	3.15m² (0.95평)
최저가	35,200,000 (80%)	건물총면적	24.36m² (7.37평)
매각기일	07.07.26 (38,210,000원) 종결	

임차인 배당순위에서 언급했던 사례입니다. 다시 꺼냈어요. 볼까요, 뭐가 문제인지….

표로 정리해 보면, 아래와 같습니다.

임차인 배당순위

7. 저당권 말소 특약

예)

		권리분석 : 배당순위		(만원)
1	05.06.30	근저당	3,000	말소기준권리
2	06.03.13	전입(확정)	4,000	소 멸
3	06.03.24	압류		
4	06.04.04	가압류	14,000	

낙찰가는 3천821만 원입니다. 선순위 근저당(3천만 원)을 제하면 대략 8백만 원 정도가 남습니다. (경매 비용 등은 계산에서 뺐습니다.) 보증금을 거의 다 날렸네요. ㅠ.ㅠ

여기까지는 이미 배운 거니까, 알겠죠.

그럼 여기서 위 임차인(이ㅇㅇ)은 왜 전입을 했을까요? 이미 빚(근저당)이 3천이나 있는 집에 어째서 4천 전세를 들어왔는가? 합하면 7천입니다. 집값(대략 4천)을 훌쩍 넘기는 금액인데요.

낙찰을 받고 명도하면서 임차인한테 물어봤거든요. 근저당 있는 거 몰랐나요? 알았대요. 그러면서 계약서를 보여주는데, 계약서에 특약이 달려 있었어요.

특약 : 잔금과 동시에 근저당은 말소하기로 한다.

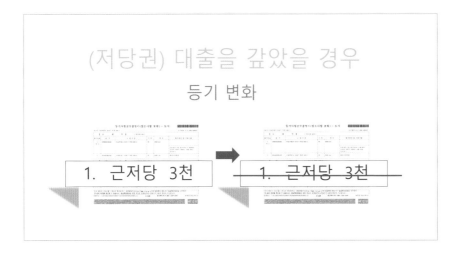

이게 무슨 특이한 경우도 아니에요. 일반적으로 대출이 있는 집에 전세를 놓을 경우 대부분 이렇게 합니다. 전세금 받아서 근저당을 말소하는 건… 아주 자주 보이는 계약 형태거든요. 집주인이 계약서대로 이행을 했으면, 임차인은 1순위(즉, 선순위) 임차인이 됐을 것이고, 보증금도 다 받을 수 있는 거였죠.

즉, 몰랐던 것도 아니고, 계약서에 다 써 놓고 들어온 거예요. 문제는 집주인이 보증금을 받아서 꿀꺽 한 거죠. 근저당을 말소하지 않고, 그러고는 경매, 낙찰, 1순위 근저당 배당, 임차인은 보증금 돌려받지 못하는 상황입니다.

사연을 들어보니, 전세 잔금을 지불하는 날, 잔금을 그냥 집주인에게 줬다는 겁니다. 집주인이 자기가 알아서 갚고 근저당 말소하겠다고 한 거예요.

보통 이런 경우는 잔금을 직접 은행으로 입금하면 됩니다. 집주인 손 다정하게 꼭 잡고, 은행 찾아가서 대출 상환해야 합니다. 전화로 해도 돼요. 근저당권자가 은행이면 간단한데, 이번 사건의 경우는 개인이었어요. 거기서 문제가 생긴 거 같아요. 개인 근저당이면, 그 근저당권자의 근저당 말소 서류를 확보해서, 등기소 가서 말소하는 거 확인하고 돈을 지급하는 절차를 따랐어야 합니다.

그걸 다 내가 직접 처리하기 힘들고, 복잡하고, 모르잖아요. 그럼 법무사 한군데를 섭외해서 처리하게끔 의뢰했어야 하고요. 이 부분은 중개부동산 측에서 섭외를 해줬어야 한다고 생각합니다.

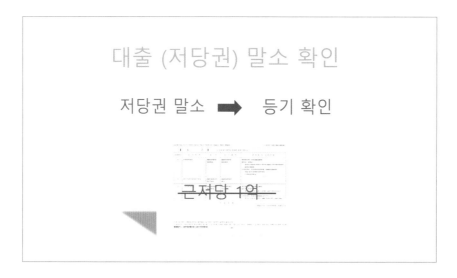

 여기서 잠깐…!!

내가 입주한 집을 다음 날이라도 꼭 등기부 확인하는 습관을 들입시다.

사례 나

등기 볼 줄 모르는 신혼부부에게
시세보다 싼 전세란…

2014년에 있던 일입니다. 수강생 (닉네임 서단)님이 영등포에서 아파트를 한 채 낙찰을 받았는데, 배당을 한 푼도 못 받는 임차인이 있었어요.

사례 8. 14-1기 서단님 사례

영등포 아파트	
시세	3.5억
저당권	3억
임차인	8천

낙찰 3억

낙찰을 받고 찾아가 보니, 신혼부부이더라고요. 명도를 하다보면, 자연스럽게 저간의 사정을 듣게 되잖아요. 알고 봤더니, 벼룩시장을 보고 직거래로 전세를 들어왔더라고요. (즉, 부동산중개 없이)

그 당시 전세 시세가 2억 정도 하고 있었는데, 벼룩시장에 8천에 세를 놓는다는 광고를 보고 들어온 거예요. 대출이 3억이나 있다는 것은 잘 모르고 들어온 거더라고요. 집주인이 그냥 괜찮다고 해서 괜찮은 줄 알았다고…. 돈 없는 신혼부부 입장에서 시세보다 월등히 저렴한 전세로만 알고 들어온 거죠.

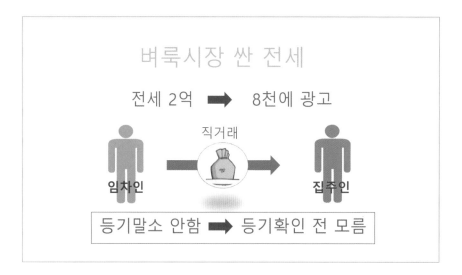

싼 거는 의심을 해봐야 합니다. 왜 싼지. 그 이유를 알고 내가 통제할 수 있으면 괜찮지만, 이유를 모르면 그건 곧 위험한 겁니다.

전입보다 확정이 빠른 경우 :

주소를 뺐다가 다시 넣으면?

가끔 경매 사건을 보다보면, 확정일자가 전입일보다 빠른 경우가 있습니다.

노◯　전입 2003.04.02
　　　확정 2000.04.14
　　　배당 2008.04.24
　　　(보)　18,000,000
　　　지출일부

처음에 전입은 안하고, 확정일자만 받아놓고 살다가, 나중에 전입하나? 왜 이렇게 된 거지 궁금할 겁니다. 이런 보통 임차인이 도중에 주소를 뺐다 다시 넣은 경우입니다. 처음에는 전입/확정을 둘 다 받아놨다는 얘기죠. 그렇게 되면, 확정일자는 (원래 날짜로) 빠른데, 전입일이 (새로운 날짜로) 늦는 상황이 발생하는 거죠.

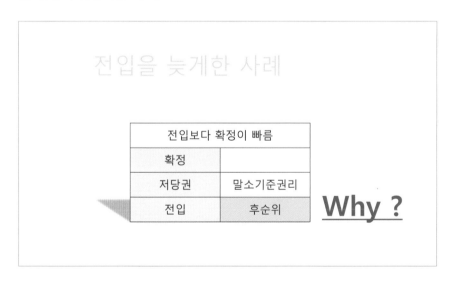

그럼, 왜 주소를 빼는가? 집주인의 부탁을 받고, 빼주는 경우가 있습니다. 대출을 받아야 하는데, 임차인이 있으면 대출을 안 해줍니다. 그러니 잠시만 주소를 빼달라고 합니다. 그런 부탁을 받고, 주소를 빼고, 집주인은 대출을 받는 거죠. 그러면 임차인은 후순위가 되는 거예요.

집주인은 약속을 지킨 거죠. 대출받는다는 약속을.

전입세대열람

경매를 하기 위해서는 말소기준권리와 임차인의 대항력을 파악해야 합니다. 말소기준권리는 등기부등본 열람을 통해서 파악할 수 있어요.

임차인의 대항력을 파악하기 위해서는 전입일자를 알아야 하는데, 임차인의 전입일자를 어떻게 파악할 수 있을까요? 주민등록등본을 떼어 보면 가장 확실하겠지만, 그건 민감한 개인정보라서 본인 외에는 아무나 열어볼 수는 없어요. 제삼자가 확인해 볼 수 있는 것으로 전입세대열람이라는 제도가 있습니다. 물론, 전입세대열람도 아무나 하는 건 아니고요. 몇몇 특별한 경우로 한정합니다.

그 특별한 경우 중 하나가 경매 나온 경우에요. 주민등록법에 의해, 경매 나온 집에 대해서는 전입세대를 열람할 수 있게 해놨거든요.

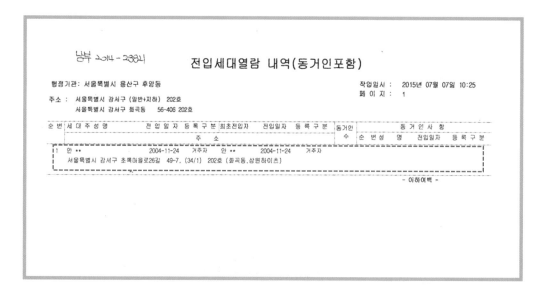

세대열람 예시 : 사건번호 14-28821

주민등록등본과는 다르게, 세대주의 전입일자만 파악할 수 있습니다. 세대주의 성명이나 나머지 세대원들의 내용은 나오지 않아요.

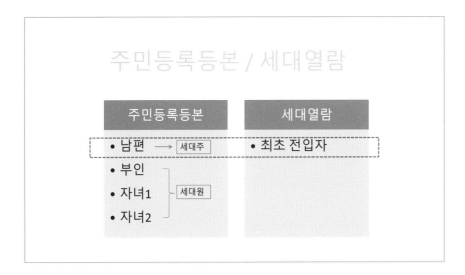

세대주(또는 최초 전입자)의 전입일자만 파악이 가능합니다.

전입세대열람의 특징은 현재 전입되어 있는 세대의 전입일 파악이 가능합니다. 그 사람이 누구인지 구체적으로 알 수는 없습니다. 물건명세서, 현황조사서, 배당요구 등을 통해서 종합적으로 유추해야 합니다.

세대열람의 목적 : 전입일 파악으로 선순위/후순위 판단.

세대 열람

1. 동사무소에서 확인
2. 세대주의 전입일 확인 가능
3. 누구인지는 모름
4. 선순위 / 후순위 파악

주민등록법 시행규칙 [별지 제15호서식] <개정 2017. 5. 29.>

주민등록 전입세대 열람 신청서

※ 뒤쪽의 유의 사항을 읽고 작성하기 바랍니다.   (앞쪽)

접수번호		접수일자		처리기간	즉시

신청인 (위임받은 사람)	성명	(서명 또는 인)	주민등록번호
	주소 (시·도) (시·군·구)		연락처

법인 신청인	기관명		사업자등록번호
	대표자	(서명 또는 인)	연락처
	소재지		
	방문자 성명	주민등록번호	연락처

열람 대상 물건 소재지

용도 및 목적		증명 자료

『주민등록법』제29조제1항 및 같은 법 시행규칙 제14조제1항에 따라 주민등록 전입세대 열람을 신청합니다.

년   월   일

시장·군수·구청장 또는 읍·면·동장 및 출장소장 귀하

위임장

『주민등록법』제29조제1항 및 같은 법 시행규칙 제14조제1항에 따라 주민등록 전입세대 열람 신청을 위와 같이 위임합니다.

년   월   일

개인 신청인 (위임한 사람)	성명	(서명 또는 인)	주민등록번호
	주소		연락처

법인 신청인 (위임 법인)	기관명		사업자등록번호
	대표자	(서명 또는 인)	연락처
	소재지		

첨부 서류	1. 위임한 사람의 주민등록증 등 신분증명서(담당 공무원이 위임장의 진위 여부 확인을 위해 요청하는 경우) 2. 신청 자격 증명 자료(행정정보 공동이용을 통해 확인이 불가능한 경우)	수수료 1건 1회 300원

[ ] 행정정보 공동이용 동의서(소유자)	[ ] 전·월세 거래 정보 시스템 이용 동의서(2014. 1. 1.이후 임차인)

본인은 이 건의 업무 처리를 위해 담당 공무원이 「전자정부법」 제36조제1항에 따른 행정정보의 공동이용을 통해 관할 행정청이 등기부 등본 등으로 본인 소유 여부 등을 확인하거나 「주택임대차보호법」 제3조의6제2항에 따른 전·월세 거래 정보 시스템의 확정일자 부여 사실로 임차인의 여부 등을 확인하는 것에 동의합니다.

※ 동의하지 않는 경우에는 신청인이 직접 관련 서류를 제출하여야 합니다.

신청인(위임한 사람)   (서명 또는 인)

210mm×297mm[백상지(80g/㎡) 또는 중질지(80g/㎡)]

(뒤쪽)

전입세대 열람 대상자 개인 정보 표시 동의서

본인은 신청인이 전입세대 열람 신청을 할 때 본인의 성명을 열람하는 것에 동의합니다.

동의자 성명   생년월일   (서명 또는 인)

유의 사항

1. 주민등록전입세대의 열람 신청인은 주민등록증 등 신분증명서를 제시하여야 하며, 법인 방문자인 경우에는 방문자인 신분증명서와 사원증(또는 재직 증명서)을 제시하여야 합니다.

2. 열람 사항을 출력해 드릴 수는 있으나 증명·날인해 드릴 수는 없습니다.

3. 경매 참가자는 경매 일시와 해당 물건 소재지가 나타나 있는 (신문)공고문을, 신용정보업자는 신용 조사 의뢰서를, 감정평가업자는 감정 평가 의뢰서를, 금융기관은 담보 주택 근저당 설정 관계 서류(해당 물건 소재지가 나타나 있는 근저당 설정 계약서, 대출 약정서 등)를 첨부해야 합니다. 이 경우 증명 자료는 사본을 포함합니다.

4. 물건 소유자는 담당 공무원의 행정정보의 공동이용 동의를 신청하거나 임차인이 전·월세 거래 정보 시스템 이용 동의를 신청한 경우 증명 서류 제출을 생략할 수 있습니다.

5. 주민등록 전입세대 열람 권한은 해당 물건의 소유자·임차인·임대차 계약자·매매 계약자 본인 다른 사람에게 위임할 수 있습니다.

6. 위임장에 따라 주민등록 전입세대 열람을 신청하는 경우에는 위임한 사람의 성명, 주민등록번호, 주소를 정확히 작성해야 하며, 작성 사항이 정확하지 않을 경우 보완을 요청할 수 있습니다.

7. 위임한 사람은 '서명 또는 인' 칸에 서명을 하거나 도장을 찍어야 하며 지문은 사용할 수 없습니다. 서명을 하실 경우에는 자필 성명(한글)을 써야 하고, 통상적인 사인(외국어, 특수문자 등)이나 한문 등은 사용할 수 없습니다.

8. 담당 공무원이 위임장의 진위를 확인하기 위해 위임한 사람의 주민등록증 등 신분증명서(사본 포함)를 요청할 경우에는 제시해야 합니다.

9. 다른 사람의 서명 또는 도장 등을 위조하거나 부정하게 사용하는 등의 방법으로 위임장을 거짓으로 작성하는 경우에는 「형법」에 따라 처벌을 받게 됩니다.

10. 법인의 경우에는 '대표자 성명' 칸에 대표자의 서명하거나 법인 인감(사용 인감 포함)을 찍고, 방문자는 사원증(또는 재직 증명서)과 주민등록증 등 신분증명서를 함께 제시해야 합니다.

11. 한 명의 신청자가 하나의 증명 자료를 가지고 같은 목적으로 여러 물건지에 대한 전입세대 열람을 신청하는 경우에는 별지 제15호서식과 별지 제16호서식을 함께 사용할 수 있으며, 이 경우 별지 제15호서식과 별지 제16호서식 사이에는 신청인의 확인(간인)이 있어야 합니다.

12. 경매 참가자, 신용정보업자, 감정평가업자, 별 별표 2 제3호에 해당하는 금융회사 등이 신청하는 경우에는 열람 내역 중 성명이 제한적으로 표시되며, 열람 대상자의 동의가 있는 경우에만 성명 전체를 표시합니다.

13. 전입세대 열람 대상자가 여러 명인 경우에는 동의서에 세로로 각 동의자의 성명과 생년월일을 적고 서명 또는 날인을 해야 합니다.

14. 전입세대 열람을 신청할 때 전월세 거래 정보 시스템을 활용하려면 2014년 1월 1일 이후 확정일자를 부여받은 임차인이 주택 소재지의 읍·면 사무소 또는 동 주민센터에 신청하여야 합니다.

 여기서 잠깐...!!

대부분의 세대열람은 이름 석자 중 앞에 성만 나오는 경우가 많은데, 가끔 세대열람에 세대주 이름 석자가 다 나오는 경우도 있습니다. 입찰자 입장에서는 좀더 정확한 정보를 파악한 것이죠. '땡큐'하면 됩니다.

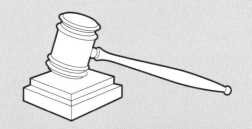

제 3 장

소액임차인
(최우선변제권)

주택임대차보호법 제8조
(보증금 중 일정액의 보호)

주택임대차보호법 제8조(보증금 중 일정액의 보호)

①임차인은 보증금 중 일정액을 다른 담보물권자(擔保物權者)보다 우선하여 변제받을 권리가 있다. 이 경우 임차인은 주택에 대한 경매신청의 등기 전에 제3조제1항의 요건을 갖추어야 한다.

②제1항의 경우에는 제3조의2제4항부터 제6항까지의 규정을 준용한다.

③제1항에 따라 우선변제를 받을 임차인 및 보증금 중 일정액의 범위와 기준은 제8조의2에 따른 주택임대차위원회의 심의를 거쳐 대통령령으로 정한다. 다만, 보증금 중 일정액의 범위와 기준은 주택가액(대지의 가액을 포함한다)의 2분의 1을 넘지 못한다. 〈개정 2009. 5. 8〉

[전문개정 2008. 3. 21]

소액임차인의 기준

　보증금이 적은 임차인을 소액임차인이라고 부릅니다. 소액임차인이란 단어는 엄밀히 따지면, 법에 있는 용어는 아닙니다. 경매를 하는 사람들이 그냥 편의상 부르는 말이죠. 이때 보증금의 많고 적음은 법령으로 정해놨습니다.

　예를 들면, 2020년 7월 수도권(서울 제외)에서 소액임차인의 기준은 보증금 1억 원입니다. 즉, 전월세 보증금이 1억 원 이하면 소액임차인이고, 단돈 1억 1백만 원이라도 넘으면 소액임차인이 아닙니다.

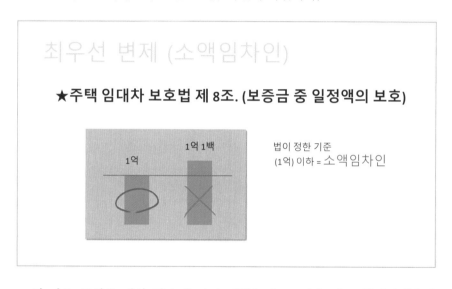

이 기준 금액은 때와 장소에 따라 변하는데, 그것은 따로 설명하겠습니다.

최우선 변제(=0순위 배당)

소액임차인에 해당하면 좋은 점이 한 가지 있습니다. 배당순위가 0순위로 올라가는 거죠. 근저당보다 늦어서 순위가 2순위 3순위였던 임차인도, 근저당을 제치고 맨 먼저 배당을 받습니다. 임차인 보호 조항인 거죠.

단, 이때 보증금 전액을 몽땅 배당해 주는 것이 아니고, 법이 정한 금액(보증금 중 일정액)만 0순위로 배당을 해줍니다. 2020년 7월 수도권에서는 보증금이 1억 이하(즉, 소액임차인)인 경우 3천4백만 원을 최우선 변제해줍니다.(즉, 0순위로 배당)

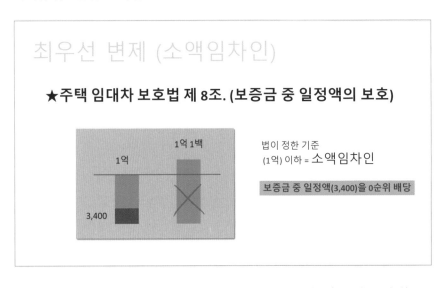

보증금 1억 이하 임차인은 3천400만 원을 최우선 변제(0순위로 배당)

예1) 보증금 1억 5천만 원 : 0순위 배당 없음(소액임차인 아님)

예2) 보증금 1억 원 : 0순위 배당 3천400만 원

예3) 보증금 5천만 원 : 0순위 배당 3천400만 원

예4) 보증금 3천만 원 : 0순위 배당 3천만 원(보증금 3천만 원을 다 받는 거지, 그 금액을 넘어서 3천400만 원을 주는 건 아닙니다.)

예5) 보증금 1천만 원 : 0순위 배당 1천만 원(보증금 1천만 원을 다 받습니다.)

　　그냥 말로만 설명하려면 헷갈립니다. 사례를 하나 보면서 이해하겠습니다.

　　19-XX6610 (화곡동 빌라) 사건을 예로 들어볼게요.

　　이 사건의 경우 소액의 기준과 최우선 변제금은 이렇습니다.

　　소액의 기준 : 보증금 1억 원

　　최우선 변제금 : 3천400만 원

　　이 물건의 낙찰가가 1억이라고 가정하고 배당을 해보겠습니다.

사례 (소액임차인)

남부10계 2019-XX6610 화곡동 빌라

순위	등기권리	낙찰 1억
1	저당권 1억 2,240	1억
2	전입(확정) 5,000	X
3	가압류	X

진행결과		임차관계/관리비	등기권리
감정	155,000,000	▶ 법원임차조사	*집합건물등기
100%	155,000,000	이○	소유권 최○
변경	2020.04.01	전입 2018.05.26	이 전 2013.06.03
100%	155,000,000	확정 2018.05.26	170,000,000
유찰	2020.05.06	배당 2019.11.18	전소유자:
		보증 5000만	전경화
80%	124,000,000	차임 월40만	매매(2013.05.03)
유찰	2020.06.09	점유 501호 전부주거	근저당 중앙농협
64%	99,200,000	(점유: 2017.05.26~)	(서중곡지점)
예정	2020.08.12	*총보증금:30,000,000	2018.01.20
		*총월세: 400,000	122,400,000
	법원기일내역	임대수익률계산	[말소기준권리]
		▶ 전입세대 직접열람 GO	가압류 서울보증보험
		이** 2018.05.26	(강서신용지원단)
		열람일 2020.03.19	2018.06.29
			50,000,000
		▶ 관할주민센터	임 의 중앙농협
		강서구 화곡본동	2019.09.03
		☎ 02-2600-7485	(2019타경106610)
			청구액 201,663,255원

　　말소기준권리 : 중앙농협 근저당 1억 2천240만 원

　　임차인 이○○ : 후순위(배당 2순위) 보증금 5천만 원

사례1.

남부10계 2019-XX6610 화곡동 빌라

순위	등기권리		낙찰 1억
0			
1	저당권 1억 2,240	1억	
2	전입(확정) 5,000	X	
3	가압류	X	

지금까지 배운 배당 방식대로 하면, 위 표와 같이 되겠죠.

1순위 저당권 1억 주고, 2순위 이하 배당 없음. 즉, 임차인도 배당 없어요.

사례1.

남부10계 2019-XX6610 화곡동 빌라

순위	등기권리	낙찰 1억	
0	소액 3,400		3,400 (+3,400)
1	저당권 1억 2,240	1억	6,600 (-3,400)
2	전입(확정) ~~5,000~~ 1,600	X	X
3	가압류	X	X

그런데 이제 다시 보니까, 이 임차인의 보증금은 5천만 원

보증금 5천만 원이면 소액임차인에 해당하는 거예요.

소액기준 : 1억 원

최우선 변제금 : 3천400만 원

그러면 임차인의 보증금 5천만 원 중에서 3천400만 원은 0순위로 배당을 해주는 겁니다.

이때 3천400만 원만 배당해 주고 끝나는 게 아니고, 임차인의 보증금을 둘로 나눠서 두 번에 걸쳐서 배당을 해주는 겁니다.

0순위 : 3천400만 원

(원래) 2순위에서 보증금 중 남은 금액 1천600만 원

원래는 1순위 저당권 1억 원 주면 끝났을 배당이 0순위(소액임차인) 3천400만 원 주고, 남은 6천600만 원을 1순위(1억 2천240만 원) 저당권에게 주는 거죠.

이렇게 해서 더이상 남은 돈(배당재원)이 없고, 배당은 끝나는 겁니다.

이렇게 끝나면, 임차인 보증금을 두 번에 나눠서 준다는 게 무슨 뜻인지 모르겠죠.

사례1.

남부10계 2019-XX6610 화곡동 빌라

순위	등기권리	낙찰 1억		낙찰 2억
0	소액 3,400		3,400 (+3,400)	3,400
1	저당권 1억 2,240	1억	6,600 (-3,400)	1억 2,240
2	전입(확정) ~~5,000~~ 1,600	X	X	1,600
3	가압류	X	X	2,760

임차인 보증금을 두 번에 나눠서 준다는 게 무슨 뜻인지 다시 보겠습니다.

만약 이 물건이 2억 원에 낙찰이 된다면….

0순위 3천400만 원

1순위 1억 2천240만 원

그리고 남은 금액 4천360만 원으로 나머지 2순위(임차인), 3순위(가압류) 채권자에게 차례로 배당이 돌아가는 거예요.

결국 임차인은 0순위(3천400만 원) + 2순위(1천600만 원) = 5천만 원 배당을 받는 겁니다. 다 받게 되네요.

사례1. 확정일자 없어도 배당

배당요구 필수

남부10계 2019-XX6610 화곡동 빌라

순위	등기권리	낙찰 1억		낙찰 2억	
0	소액 3,400		3,400 (+3,400)	3,400	3,400
1	저당권 1억 2,240	1억	6,600 (-3,400)	1억 2,240	1억 2,240
	전입() ~~5,000~~	X	X	1,600	X
2	가압류	X	X	2,760	4,360

소액임차인은 확정일자가 없어도 배당은 받을 수 있어요. 확정일자는 배당순위를 정할 때 사용하는 것인데, 소액임차인 최우선 변제는 이미 배당순위가 "0순위 배당"으로 정해져 있어요. 금액도 정해져 있고요. 그러니까 굳이 확정일자 없이도 0순위에서 법으로 정한 금액을 받도록 하는 거죠.

예를 들어서, 위 사건의 임차인의 확정일자가 없다면, 2순위 배당은 없는 거예요. 순위가 바뀌죠. 1순위 근저당, 2순위 가압류입니다. 원래는 2순위 임차인, 3순위 가압류였는데, 임차인이 빠지면서 가압류의 순위가 2순위로 바뀌는 겁니다.

그래도 0순위 최우선 변제 3천400만 원은 변함이 없어요. 결국 이대로 진행이 되어 2억 원에 낙찰이 된다면, 0순위 3천400만 원, 1순위 근저당 1억 2천240만 원, 2순위 가압류 4천360만 원이 되는 겁니다. 임차인은 5천만 원, 보증금 중에 최우선 변제 3천400만 원을 받고, 1천600만 원은 못 받는 채로 끝나는 거죠.

단, 이때 배당요구를 꼭 해야만 합니다. 배당요구가 없으면, 배당표 자체에서 빠져버리는 거예요. 0순위 배당도 없어지는 거죠.

[글로 보려니까, 헷갈리죠. 홈336 카페나 유튜브(설마 안정일) 채널에서 동영상을 함께 보시면 이해가 훨씬 쉬울 겁니다.]

주택임대차보호법(소액임차인)

주택임대차보호법

– 아래 최우선변제금 기준은 임대차 계약일이 아닌 근저당권 설정일 기준임.
– 근저당권이 없는 사건의 경우, 배당종기일이 기준

주택건물임대차보호법 적용대상 및 최우선변제권의 범위

담보물권 설정일	지 역	보증금의 범위	최우선변제액
1984. 6. 14 ~ 1987. 11. 30	특별시, 직할시	300만 원 이하	300만 원까지
	기타 지역	200만 원 이하	200만 원까지
1987. 12. 1 ~ 1990. 2. 18	특별시, 직할시	500만 원 이하	500만 원까지
	기타 지역	400만 원 이하	400만 원까지
1990. 2. 19 ~ 1995. 10. 18	특별시, 직할시	2,000만 원 이하	700만 원까지
	기타 지역	1,500만 원 이하	500만 원까지
1995. 10. 19 ~ 2001. 9. 14	특별시,광역시(군지역 제외)	3,000만 원 이하	1,200만 원까지
	기타 지역	2,000만 원 이하	800만 원까지
2001. 9. 15 ~ 2008. 8. 20	수도정비계획법 중 과밀억제권역	4,000만 원 이하	1,600만 원까지
	광역시(군지역과 인천광역시지역 제외)	3,500만 원 이하	1,400만 원까지
	그 밖의 지역	3,000만 원 이하	1,200만 원까지
2008. 8. 21 ~ 2010. 7. 25	수도정비계획법 중 과밀억제권역	6,000만 원 이하	2,000만 원까지
	광역시(군지역과 인천광역시지역 제외)	5,000만 원 이하	1,700만 원까지
	그 밖의 지역	4,000만 원 이하	1,400만 원까지
2010. 7. 26 ~ 2013. 12. 31	서울특별시	7,500만 원 이하	2,500만 원까지
	수도정비계획법에 따른 과밀억제권역 (서울특별시는 제외한다)	6,500만 원 이하	2,200만 원까지
	광역시(수도권정비계획법에 따른 과밀억제권역에 포함된 지역과 군지역은 제외한다), 안산시, 용인시, 김포시, 광주시	5,500만 원 이하	1,900만 원까지
	그 밖의 지역	4,000만 원 이하	1,400만 원까지

기간	지역	보증금	우선변제액
2014. 1. 1 ~ 2016. 3. 30	서울특별시	9,500만 원 이하	3,200만 원까지
	수도정비계획법에 따른 과밀억제권역 (서울특별시는 제외한다)	8,000만 원 이하	2,700만 원까지
	광역시(수도권정비계획법에 따른 과밀억제 권역에 포함된 지역과 군지역은 제외한다), 안산시, 용인시, 김포시, 광주시	6,000만 원 이하	2,000만 원까지
	그 밖의 지역	4,500만 원 이하	1,500만 원까지
2016. 3. 31 ~ 2018. 9. 17	서울특별시	1억 원 이하	3,400만 원까지
	수도정비계획법에 따른 과밀억제권역 (서울특별시는 제외한다)	8,000만 원 이하	2,700만 원까지
	광역시(수도권정비계획법에 따른 과밀억제 권역에 포함된 지역과 군지역은 제외한다), 세종특별자치시, 안산시, 용인시, 김포시, 광주시	6,000만 원 이하	2,000만 원까지
	그 밖의 지역	5,000만 원 이하	1,700만 원까지
2018. 9. 18 ~ 2021. 5. 10	서울특별시	1억 1천만 원 이하	3,700만 원까지
	수도권정비계획법에 따른 과밀억제권역 (서울특별시는 제외한다), 세종특별자치시, 용인시, 화성시	1억 원 이하	3,400만 원까지
	광역시(수도권정비계획법에 따른 과밀억제 권역에 포함된 지역과 군지역은 제외한다), 안산시, 김포시, 광주시, 파주시	6,000만 원 이하	2,000만 원까지
	그 밖의 지역	5,000만 원 이하	1,700만 원까지
2021. 5. 11 ~ 현재	서울특별시	1억 5천만 원 이하	5,000만 원까지
	수도권정비계획법에 따른 과밀억제권역 (서울특별시는 제외한다), 세종특별자치시, 용인시, 화성시, 김포시	1억 3천만 원 이하	4,300만 원까지
	광역시(수도권정비계획법에 따른 과밀억제 권역에 포함된 지역과 군지역은 제외한다), 안산시, 광주시, 파주시, 이천시, 평택시	7,000만 원 이하	2,300만 원까지
	그 밖의 지역	6,000만 원 이하	2,000만 원까지

소액임차인 보증금 기준 :
담보물권 설정일

　10년 전에 비해서 요즘의 전셋값은 어떤가요? 훨씬 비싸겠죠. 전월세 보증금은 시간이 가면서 계속 증가해 왔어요. 앞으로도 계속 증가할 게 뻔하고요. 그에 따라서 소액임차인 보증금 기준도 계속 올라갔습니다.

　지금(2022년) 서울에서는 보증금 1억 5천만 원 이하가 소액임차인에 해당합니다. 그러나 필자가 처음 경매를 시작한 18년 전(2004년 서울)에는 4천만 원 이하가 소액임차인에 해당했어요. (소액임차인 표 참조)

소액임차인을 따지는
기준일의 기준은 무엇인가?

은행(채권자) 입장에서 임대차보호법 제8조(소액임차인) 조항을 살펴볼까요.

은행이 담보를 잡고 돈을 빌려줬어요. 그랬다가 채무자가 빚을 못 갚으면, 담보물건(아파트)을 팔아서 빚을 회수하는 게 경매 절차라고 했잖아요.

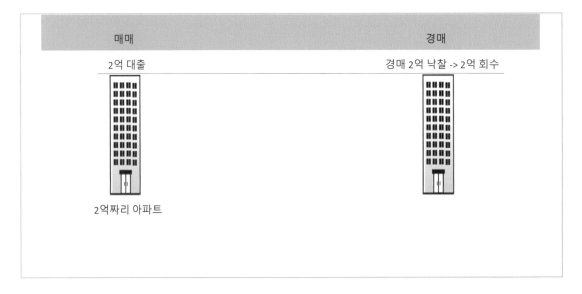

2억짜리 집이 있다고 가정하자고요. 은행에서 2억을 빌려줬다가 돈을 못 받으면, 경매 넣어서 2억을 다시 회수할 수 있는 그런 집이에요.(이해를 돕기 위해서 이상적인 상황을 가정합니다.)

그런데 은행이 대출해 줄 당시에는 집에 아무도(즉, 임차인이) 없었는데, 대출해 줄 때는 없던 임차인이 그 후에 들어오는 경우가 생깁니다.

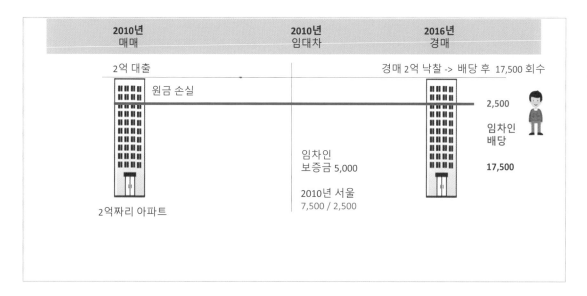

대출해 줄 때는 없던 (소액)임차인이, 근저당 이후에 들어와도 배당은 제일 먼저(0순위)입니다.

2010년에 있던 일이라고 가정할게요.

2억짜리 집에 2억을 대출해 줬는데, 그 후에 보증금 5천짜리 임차인이 들어와요. 이 임차인은 법에 의하면 소액임차인에 해당합니다.(소액의 기준 : 보증금 7천500 이하/최우선 변제 : 2천500)

결국, 이 집이 2억에 낙찰이 된다 하더라도, 소액임차인 최우선 변제(0순위) 2천500을 떼고 나면, 1억 7천500밖에 못 받는 거죠. 은행 입장에서는 원금 2억 중에 2천500(소액임차인 최우선 변제금)만큼 손해가 발생하는 겁니다.

은행은 처음에 대출을 해줄 때, 현재는 임차인이 없더라도, 나중에라도 들어오면 소액 최우선 변제금은 못 받을 수 있다는 걸 알아요. 그래서 은행은 대출을 해줄 때, 소액임차인 최우선 변제금만큼 빼고 대출을 해줍니다. 이것을 업계 용어로 "방빼기"라고 하죠. 대출 금액에서 방 개수만큼 빼고 대출을 해주는 거예요. 그래서 혹시나 소액임차인이 들어오더라도 원금만큼은 지키자는 거죠.

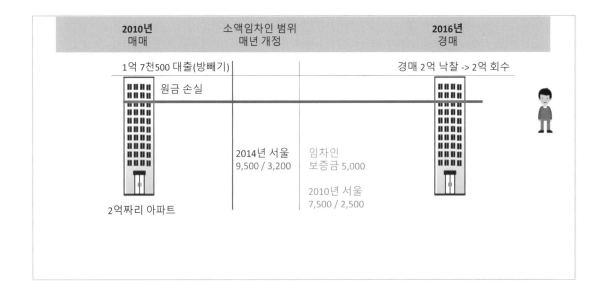

은행이 대출해 주고 나서 법이 바뀌는 상황
(최우선 변제금 상향 조정)

은행이 그렇게 "방빼기"를 해서 대출해 줬는데, 이번에는 법이 바뀌네요. 세월이 흐르면서 보증금이 올라가고, 그에 따라 소액임차인 기준 금액도 올라가는 거죠.

원래는 (2010년 서울) 7천500/2천500이었는데, (2014년 서울) 9천500/3천200으로 바뀌는 상황을 가정해 보겠습니다. 법이 바뀐 후에 임차인(보증금 5천)이 들어오고, 경매가 진행되는 거예요. 그러면 이번에는 법이 바꾸었으니까, 소액임차인 최우선 변제 3천200 해주고, 1순위 은행은 1억 6천800만 원 배당입니다. 그러면 또 손해인 거예요. 은행 입장에서는 법이 바뀔지 안 바뀔지, 바뀐다면 언제 바뀔지, 얼마로 바뀔지 다 고려해야 하는 상황이 되는 거죠. 그렇게 되면, 아예 대출을 못 해줍니다. 문제가 심각해지는 거죠.

그래서…. 소액임차인 기준은 은행이 대출해 준 날짜를 기준으로 삼는 겁니다. 경매가 언제 진행되든, 임차인이 언제 들어왔든, 그게 중요한 게 아니고, 채권자의 근저당이 언제 설정 되었느냐. 그 날짜를 보는 겁니다.

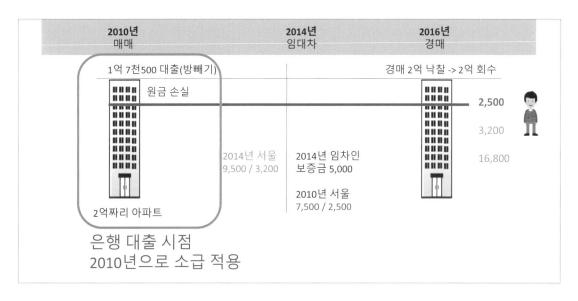

은행 대출 시점 - 즉, 담보 물권 설정일

Check Point :

물건지 주소 / 담보물건 설정일

Check Point !!

1. 지역 : 물건지 주소
2. 기간 : 담보물건(저당권) 설정일

최우선 배당금 기준은 지역별, 담보물건 설정일별로 다르니 체크해야 합니다.

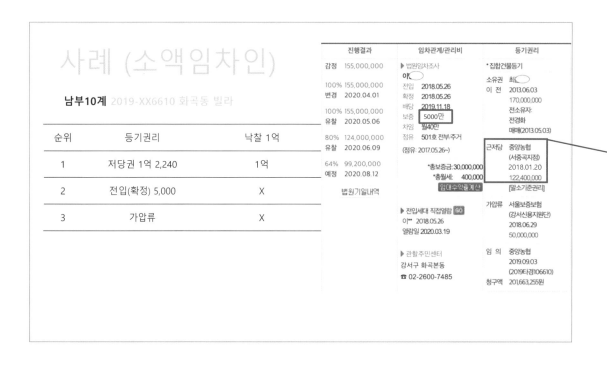

이 사건(19-106610)의 소액임차인 기준이 왜 1억/3천400인지 표를 보면 이해가 될 겁니다.

공부하다가 막히는 부분은 홈336 카페(www.home336.com)에 오셔서 물어 보세요.

적용 기간	구 분	소액의 범위 (만원)	우선 변제금 (만원)	
10년 7월 26일 ~ 13년 12월 31일	서울시	7,500	2,500	
	수도권	6,500	2,200	
14년 1월 1일 ~ 16년 03월 30일	서울	9,500	3,200	
	수도권	8,000	2,700	
16년 03월 31일 ~ 18년 09월 17일	서울	**10,000**	**3,400**	★여기에 해당
	수도권	8,000	2,700	
	기타지역	5,000	1,700	
18년 9월 18일 ~ 21년 5월 10일	서울	11,000	3,700	
	수도권	10,000	3,400	
	기타지역	5,000	1,700	

수도권정비계획법 : 과밀억제권역

■ 수도권정비계획법 시행령 [별표 1] 〈개정 2017. 6. 20.〉

과밀억제권역, 성장관리권역 및 자연보전권역의 범위(제9조 관련)

과밀억제권역	성장관리권역	자연보전권역
1. 서울특별시 2. 인천광역시[강화군, 옹진군, 서구 대곡동 · 불로동 · 마전동 · 금곡동 · 오류동 · 왕길동 · 당하동 · 원당동, 인천경제자유구역(경제자유구역에서 해제된 지역을 포함한다) 및 남동 국가산업단지는 제외한다] 3. 의정부시 4. 구리시 5. 남양주시(호평동, 평내동, 금곡동, 일패동, 이패동, 삼패동, 가운동, 수석동, 지금동 및 도농동만 해당한다) 6. 하남시 7. 고양시 8. 수원시 9. 성남시 10. 안양시 11. 부천시 12. 광명시 13. 과천시 14. 의왕시 15. 군포시 16. 시흥시[반월특수지역(반월특수지역에서 해제된 지역을 포함한다)은 제외한다]	1. 인천광역시[강화군, 옹진군, 서구 대곡동 · 불로동 · 마전동 · 금곡동 · 오류동 · 왕길동 · 당하동 · 원당동, 인천경제자유구역(경제자유구역에서 해제된 지역을 포함한다) 및 남동 국가산업단지만 해당한다] 2. 동두천시 3. 안산시 4. 오산시 5. 평택시 6. 파주시 7. 남양주시(별내동, 와부읍, 진전읍, 별내면, 퇴계원면, 진건읍 및 오남읍만 해당한다) 8. 용인시(신갈동, 하갈동, 영덕동, 구갈동, 상갈동, 보라동, 지곡동, 공세동, 고매동, 농서동, 서천동, 언남동, 청덕동, 마북동, 동백동, 중동, 상하동, 보정동, 풍덕천동, 신봉동, 죽전동, 동천동, 고기동, 상현동, 성복동, 남사면, 이동면 및 원삼면 목신리 · 죽릉리 · 학일리 · 독성리 · 고당리 · 문촌리만 해당한다) 9. 연천군 10. 포천시 11. 양주시 12. 김포시 13. 화성시 14. 안성시(가사동, 가현동, 명륜동, 숭인동, 봉남동, 구포동, 동본동, 영동, 봉산동, 성남동, 창전동, 낙원동, 옥천동, 현수동, 발화동, 옥산동, 석정동, 서인동, 인지동, 아양동, 신흥동, 도기동, 계동, 중리동, 사곡동, 금석동, 당왕동, 신모산동, 신소현동, 신건지동, 금산동, 연지동, 대천동, 대덕면, 미양면, 공도읍, 원곡면, 보개면, 금광면, 서운면, 양성면, 고삼면, 죽산면 두교리 · 당목리 · 칠장리 및 삼죽면 마전리 · 미장리 · 진촌리 · 기솔리 · 내강리만 해당한다) 15. 시흥시 중 반월특수지역(반월특수지역에서 해제된 지역을 포함한다)	1. 이천시 2. 남양주시(화도읍, 수동면 및 조안면만 해당한다) 3. 용인시(김량장동, 남동, 역북동, 삼가동, 유방동, 고림동, 마평동, 운학동, 호동, 해곡동, 포곡읍, 모현면, 백암면, 양지면 및 원삼면 가재월리 · 사암리 · 미평리 · 좌항리 · 맹리 · 두창리만 해당한다) 4. 가평군 5. 양평군 6. 여주시 7. 광주시 8. 안성시(일죽면, 죽산면 죽산리 · 용설리 · 장계리 · 매산리 · 장릉리 · 장원리 · 두현리 및 삼죽면 용월리 · 덕산리 · 율곡리 · 내장리 · 배태리만 해당한다)

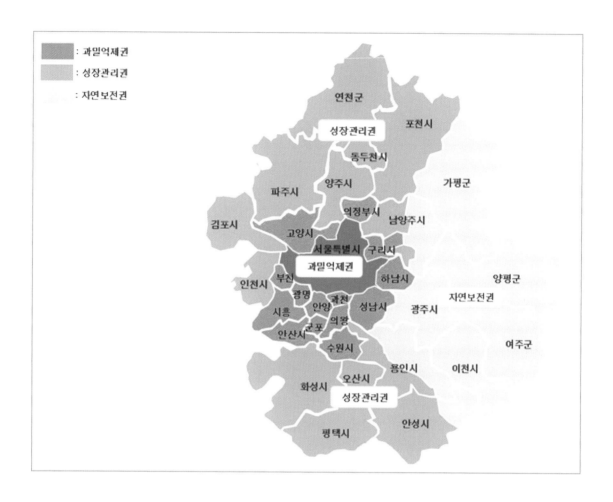

같은 듯 다른 두 가지 사례

담보물권 설정일	지역	보증금 범위	최우선 변제액
95.10.19~01.09.14	특별시, 직할시	3,000 이하	1,200 까지
	기타 지역	2,000 이하	800 까지
01.09.15 ~ 08.08.20	서울, 과밀억제권역	4,000 이하	1,600 까지
	기타지역	3,000 이하	1,200 까지
08.08.21 ~ 10.07.25	서울, 과밀억제권역	6,000 이하	2,000 까지
	기타지역	4,000 이하	1,400 까지
10.07.26 ~ 13.12.31	서울	7,500 이하	2,500 까지
	수도권 과밀억제권역 (서울 제외)	6,500 이하	2,200 까지
	광역시 (안산,용인,김포,광주)	5,500 이하	1,900 까지
14.01.01 ~ 16.03.30	서울, 수도권	9,500 이하	3,200 까지
	수도권 과밀억제권역 (서울 제외)	8,000 이하	2,700 까지
	광역시 (안산,용인,김포,광주)	6,000 이하	2,000 까지
	기타 지역	4,500 이하	1,500 까지
16.03.31 ~	서울	10,000 이하	3,400 까지
	과밀억제권역	8,000 이하	2,700 까지
	기타지역	5,000 이하	1,700 까지

[우측 사건 기록]

소유권 강애정 2001.04.21

법원임차조사
최장호 전입 2014.05.01 / 확정 2014.05.01 / 배당 2015.02.13 / (보) 60,000,000 / 주거/102호방1 / 점유기간 2014.05.01-2016.05.01

근저당 국민은행 천호동 2001.04.27 26,000,000
근저당 금호타이어 2004.07.16 10,000,000
근저당 금호타이어 2008.04.15 80,000,000
근저당 금호타이어 2010.06.23 65,000,000
가압류 금호타이어 원주 2014.09.16 68,323,041 2014카단5067서울동부

*본건 목적물 소재지에 출장한 바, 문이 잠겨있고 거주자가 부재중이여서 조사하지 못하였음. 주민센터에 주민등록 등재자를 조사한 바, 강애정(채무자겸소유자)세대, 최장호가 각 등재되어 있음 *최장호.(주민등록재자) : 2015. 4. 3. 채권(임차보증금)양도양수계약(양도인 최창호, 양수인 김편순)

총보증금:60,000,000

지지옥션세대조사
01.04.19 강** A동 102호(세대원본참고바람)
14.05.01 최** A동 102호(세대원본참고바람)
주민센터확인:2015.09.30

가압류 서울보증보험 경원신용지원 2014.10.01 20,000,000 2014카단1388춘천원주
가압류 강원신용보증재단 2014.10.07 7,650,000 2014카단1143춘천

2014-20848 서울 천호동 빌라 : 소액임차인 아님

근저당 날짜 : 2001년 4월 27일 : 소액기준 3천/1천200만

보증금 6천만 –〉 소액임차인 아님

담보물권 설정일	지역	보증금 범위	최우선 변제액
95.10.19~01.09.14	특별시, 직할시	3,000 이하	1,200 까지
	기타 지역	2,000 이하	800 까지
01.09.15 ~ 08.08.20	서울, 과밀억제권역	4,000 이하	1,600 까지
	기타지역	3,000 이하	1,200 까지
08.08.21 ~ 10.07.25	서울, 과밀억제권역	6,000 이하	2,000 까지
	기타지역	4,000 이하	1,400 까지
10.07.26 ~ 13.12.31	서울	7,500 이하	2,500 까지
	수도권 과밀억제권역 (서울 제외)	6,500 이하	2,200 까지
	광역시 (안산,용인,김포,광주)	5,500 이하	1,900 까지
14.01.01 ~ 16.03.30	서울, 수도권	9,500 이하	3,200 까지
	수도권 과밀억제권역 (서울 제외)	8,000 이하	2,700 까지
	광역시 (안산,용인,김포,광주)	6,000 이하	2,000 까지
	기타 지역	4,500 이하	1,500 까지
16.03.31 ~	서울	10,000 이하	3,400 까지
	과밀억제권역	8,000 이하	2,700 까지
	기타지역	5,000 이하	1,700 까지

[우측 사건 기록]

임차조사 / 등기권리
소유권 2014.09.25 전소유자:이태분

법원임차조사
김 전입 2014.11.19 / 확정 2015.06.10 / 배당 2015.06.29 / (보) 80,000,000 / 주거/전부방2 / 점유기간 2014.11.30~

근저당 북서울농협 창동 2014.09.25 109,200,000

한국토지주택공사 전입 2014.11.19 / 확정 2014.11.11 / 배당 2015.08.17 / (보) 80,000,000 / 점유기간 2014.11.29-2016.1.28 / 서울지역본부 전입:김

임의 북서울농협 2015.06.05 채권관리팀 *청구액:94,002,800원
채권총액 109,200,000원

열람일자:2015.10.29 **건물등기입

*한국토지주택공사 서울지역본부:임차인 김순조에 대한 전세자금지원 법인임

총보증금:160,000,000

지지옥션세대조사
14.11.19 김** 나동 403호
주민센터확인:2015.10.30

2015-9745 서울 상계동 연립 : 소액임차인 해당

근저당 날짜 : 2014년 9월 25일 : 소액기준 9천500만/3천200만

보증금 8천만 —〉 소액임차인에 해당

위 2개의 사건은 비슷한 시기(2015년)에 경매가 진행되고, 각각 임차인의 전입일은 2014년으로 비슷했으나, 근저당 설정 날짜는 판이하게 다릅니다. 천호동 빌라는 2001년 근저당, 상계동 연립은 2014년 근저당입니다. 그에 따라 소액임차인의 범위가 변한 거죠. 결과적으로 천호동 임차인은 보증금(6천만 원)이 상계동 임차인보다 적은 데도 불구하고 소액이 아니고, 상계동 임차인(8천만 원)은 소액인 겁니다.

배당을 받을 수 있었으나,

못 받은 사례

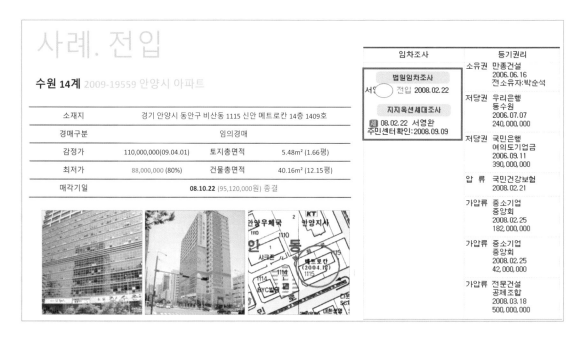

앞에서 배당요건(전입+확정+배당요구) 배울 때 언급했던 사례인데요.

이 임차인은 보증금 1천만/월세60에 살고 있었거든요. 이제 방금 배운 임대차보호법 제8조(소액임차인 조항)을 적용해 볼까요. 그러면 이 임차인은 배당요구만 했으면 배당을 받을 수 있었던 겁니다.

보증금 : 1천만 원

근저당 날짜 : 2006년 7월 7일

소액 기준 : 4천만 원/1천600만 원

경매 진행하는 동안 월세는 월세대로 안 내면서 살고, 나중에 배당으로 보증금 1천만 원은 몽땅 배당받고… '꿩 먹고 알 먹고' 가능했던 거죠.

예전에는 이런 경우(꿩 먹고 알 먹고)가 왕왕 있었는데, 요즘은 (2010년 이후로는) 채권자(주로 은행)가 배당 이의를 제기합니다. 그동안 안 낸 월세

는 배당에서 제외해 달라고…. 뭐 그래도 어쨌거나 임차인 입장에서는 손해
본 거는 아니에요.

주의 : 최근에는 소액임차인이 있으면, 채권자는 일단 배당 배제부터 넣고 보
는 게 경향이 됐어요. 가끔 경매를 잘 모르는 임차인이 배당 배제 신청이 들어
온 것을 배당을 못 받게 된 것으로 잘못 오해하고, 큰 걱정을 하는 경우가 있는데, 걱정
할 필요 없습니다. 소액임차인은 어쨌든 보증금은 웬만해서는 다 받아요.

> www.hani.co.kr › arti › society › society_general
> **셋집서 쫓겨난 40대 장애인 가장 분신 자살 : 사회일반 : 사회 …**
> 2014. 7. 31. - 세들어 살던 집이 경매에 넘어가 가족과 함께 쫓겨난 40대 장애인 가장이 … A씨가 엘리베이터에
> 서 내리고 불이 번지기까지는 불과 4초가량 걸렸다 …
>
> www.vop.co.kr › ▾
> **셋집서 쫓겨난 40대 장애인 가장 분신 사망-민중의소리**
> 2014. 8. 1. - 세들어 살던 집이 경매에 넘어가 가족과 함께 쫓겨난 40대 장애인 가장이 … 인천시내 아파트 14층
> 엘리베이터 앞에서 분신해 그 자리에서 사망했다.
>
> www.welfarenews.net › news › articleView
> **경매로 전세방에서 쫓겨난 장애인 가장 분신 자살 - 웰페어뉴스**
> 2014. 8. 4. - 지난 달 31일 낮 12시 45경 지체장애인 손 모씨가 자신이 세들어 살던 14층 엘리베이터 앞에서 몸
> 에 인화물질을 뿌리고 분신해 사망했습니다.
>
> news.chosun.com › site › data › html_dir › 2014/08/01 ▾
> **경매로 전셋집 넘어간 지체장애인 분신자살 - 조선일보 › 사회 …**
> 2014. 8. 1. - 31일 낮 12시 46분쯤 인천 중구 한 아파트에서 지체장애 2급 손모(49)씨가 … 에 넘어가 쫓겨나게
> 되자 14층 집 엘리베이터 앞에서 시너로 추정되는…

보증금 2천500만 원에 대해 배당 배제 신청이 들어왔는데, 그게 배당을 못 받는다는 것
으로 오해하고 극단 선택을 한 임차인입니다.

참고 : 애초부터 소액임차인으로써 배당을 받게 될 최우선 변제금은 압류(가
압류) 대상도 아닙니다.

민사집행법 제246조(압류금지채권) 제1항 제6호. "주택임대차보호법 제8조, 같은 법 시
행령 규정에 따라 우선변제를 받을 수 있는 금액"

민사집행법

[시행 2017. 2. 4.] [법률 제13952호, 2016. 2. 3., 타법개정]

제246조(압류금지채권) ①다음 각호의 채권은 압류하지 못한다. <개정 2005. 1. 27., 2010. 7. 23., 2011. 4. 5.>

1. 법령에 규정된 부양료 및 유족부조료(遺族扶助料)

2. 채무자가 구호사업이나 제3자의 도움으로 계속 받는 수입

3. 병사의 급료

4. 급료·연금·봉급·상여금·퇴직연금, 그 밖에 이와 비슷한 성질을 가진 급여채권의 2분의 1에 해당하는 금액. 다만, 그 금액이 국민기초생활보장법에 의한 최저생계비를 감안하여 대통령령이 정하는 금액에 미치지 못하는 경우 또는 표준적인 가구의 생계비를 감안하여 대통령령이 정하는 금액을 초과하는 경우에는 각각 당해 대통령령이 정하는 금액으로 한다.

5. 퇴직금 그 밖에 이와 비슷한 성질을 가진 급여채권의 2분의 1에 해당하는 금액

6. 「주택임대차보호법」 제8조, 같은 법 시행령의 규정에 따라 우선변제를 받을 수 있는 금액

7. 생명, 상해, 질병, 사고 등을 원인으로 채무자가 지급받는 보장성보험의 보험금(해약환급금 및 만기환급금을 포함한다). 다만, 압류금지의 범위는 생계유지, 치료 및 장애 회복에 소요될 것으로 예상되는 비용 등을 고려하여 대통령령으로 정한다.

8. 채무자의 1월간 생계유지에 필요한 예금(적금·부금·예탁금과 우편대체를 포함한다). 다만, 그 금액은 「국민기초생활 보장법」에 따른 최저생계비, 제195조제3호에서 정한 금액 등을 고려하여 대통령령으로 정한다.

사례. 전입없이 배당요구

부천 7계 2008-10568[8] 괴안동 상가

소재지	경기 부천시 소사구 괴안동 113-6 우남타워 805호		
경매구분	임의경매		
감정가	54,000,000(08.06.12)	토지총면적	4.21m² (1.27평)
최저가	37,800,000 (70%)	건물총면적	20.67m² (6.25평)
매각기일	09.01.22 납부 종결		

임차조사	등기권리
법원임차조사	소유권 남영진 2002.04.29
김○○ 배당 2008.07.14 　(보) 10,000,000 　(월) 300,000 점유 2006.12.31-	저당권 농협중앙 명동 2002.05.13 49,400,000
*현황차 방문 하였으나 원룸이며 폐문으로 인하여 거주자 및 이해관계인을 만날 수 없어 자세한 임대차관계 는 미상	가압류 허선구 2007.06.20 450,000,000
총보증금:10,000,000 총월세금:300,000	임 의 농협중앙 2008.06.09 *청구액:1,219,744,566원
	채권총액 499,400,000원
	열람일자 : 2008.10.09 *805호 등기

　전입을 안 한 채로 배당요구만 했던 임차인입니다. 이 임차인의 경우도 전입을 해놨으면, 보증금 1천만 원을 그대로 다 받을 수 있었습니다. 법에 대해 조금만 알고 있었으면, 잃어버리지 않았을 돈인데 안타깝습니다.

　학교에서 이런 부분을 꼭 가르쳐야 한다고 생각합니다. 임대차 보호법의 이해…

　〈음악의 이해〉, 〈미술의 이해〉 다 좋아요. 현대를 살아가는 교양인의 필수 덕목이죠. 그런데 임대차보호법은 현대 한국 사회를 살아가는데, 꼭 필요한 생존의 기술입니다. 반드시 알아 두세요.

소액임차인의 자격 :

경매되기 전에 전입

　한 가지 주의할 점이 있습니다. 경매 이후에 전입하면 소액임차인에 해당하지 않습니다. 등기부등본에 경매 등기가 뜨기 전에 전입을 해야 합니다. 상식적으로 생각해 봐도 그렇죠. 경매 이후에 전입해 놓고는 소액임차인이니까, 배당을 먼저 해 달라 그러면 채권자 입장에서는 완전 눈뜨고 코 베이는 격이죠. 집주인과 짜고 치는 고스톱이 될 수도 있고요.

집주인과 임차인이 짜고 치는 고스톱

실제로 집주인과 임차인이 짜고 치는 고스톱이 가능합니다.

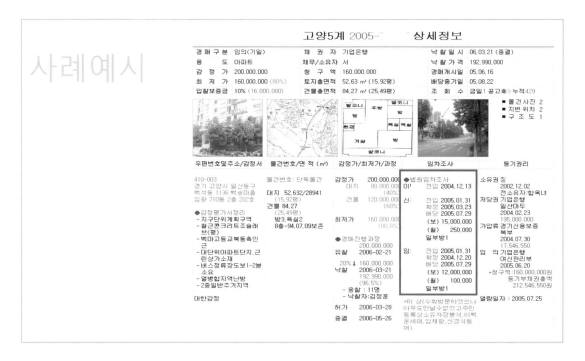

이 경매 물건이 그렇게 한 물건이란 뜻은 아닙니다. 이런 식으로 할 수 있다는 걸 예를 들기 위한 것일 뿐입니다.

소액임차인은 몇 명까지 가능한가?

아파트 한 채에 소액임차인이 여럿 있는 것도 가능합니다. 법(임대차보호법 제8조)에 인원수 제한은 없거든요. 그냥 "경매 전에 전입", "보증금이 기준에 맞을 것" 이것만 요구하거든요.

부동산 경매 작전 빌라

(신축빌라 급급전세 3천만 원)

10년쯤 전에 카페에 이런 질문이 올라온 적이 있었습니다.

질문 안녕하세요. 설마님.

궁금한 게 있어요.

동네를 다니다 보면, 신축빌라인데 급전세 3천만 원이라는 전단지를 보곤 합니다. 전세 시세가 못해도 1억은 하는데, 어떻게 3천만 원짜리 아주 저렴한 전세가 있을 수 있을까요? 이거 뭔가 사기인가요?

답변 ㅎㅎ 전봇대에 붙은 전단지를 보셨군요.^^ 정 궁금하면, 직접 전화해서 "내가 전세 들어가겠다" 한마디하면 바로 파악할 수 있을 겁니다.

전봇대(또는 벼룩시장, 직방 같은 곳) 광고에 다음과 같은 광고가 있습니다.

신축빌라, 급급전세, 전세 3천.

만약 그런 곳에 전화를 하면… 그쪽에서는 다음과 같이 나올 겁니다.

❶일단 집을 보여줍니다. 신축빌라에다 방 3개, 화장실 2개짜리 깔끔하고 좋죠. 넓기도 하고 게다가 주차장 완비에 엘리베이터까지 설치되어 있으면 금상첨화…!!

일단 물건을 보면, 마음이 혹하게 됩니다.

❷소액임차인(최우선 변제)에 대해 설명해 줍니다. 이제 우리를 앉혀 놓고, 우리가 지금까지 배웠던 임대차보호법 제8조 조항을 강의를 합니다. 이 집이 곧 경매에 들어갈 집이다. 그런 집에 당신은 보증금 3천짜리 전세로 들어갈 겁니다. 그렇지만 당신은 안전합니다. 임대차보호법 제8조에 의해 보증금 2천500까지는 보호가 됩니다. 즉, 이 집이 경매에 넘어가도 당신은 2천500만 원은 보장을 받게 됩니다.

❸그럼 남은 500만원은…? 이제 경매에 넘어가면 최소한 1년에서 길면 2년까지 걸립니다. 그 1~2년간 월세 살았다고 생각하십시오. 그리고 경매 낙찰되면, 낙찰자한테 이사비용을 받을 수 있습니다. 그러면 실제로는 200~300만 원만 내고 신축빌라(강조…!!)에서 편하게 살아보는 것입니다.

물론 꼭 빌라만 이런 걸 하는 건 아닙니다. 아파트, 단독주택 모두 가능합니다.

경매 물건을 보다보면, 주로 경매되기 몇 개월 전에 들어오는 세입자가 있는데, 이런 작업을 통해서 들어오는 경우가 꽤 됩니다. 세입자 입장에서는 그런 물건 전세 살려면 최소한 1~2억씩 줘야 하는데, 달랑 3천으로 살 수 있다고 하니, 얼마나 좋습니까. ㅎㅎ

이런 물건은 세 당사자의 이해관계가 맞아 떨어져서 전봇대에 걸리는 겁니다.

❶일단 브로커가 있어요. 빚 많은 집을 사는 사람들이 있습니다. 자, 우리는 그런 사람을 브로커라고 부르자고요. 곧 경매 넘어갈 집, 압류, 빚 많은 집을 물색해서 집주인에게 접촉을 합니다. 그러고는 집을 사겠다고 합니다. 천만 원에….

❷집주인(소유자 또는 채무자)은 이미 빚이 많아서, 어차피 경매로 넘어갈 상황이에요. 그런 집을 천만 원에 사겠다는 사람이 나타납니다. '땡큐'하고 그 사람한테 집을 넘깁니다.

그리고 다시 브로커 : 그 집을 전봇대에 걸어 광고합니다.

❸임차인(세입자)은 전세 시세 1~2억 하는 집이 3천에 걸린 걸 봅니다. 깨끗하고 넓은 신축빌라를 저렴한 가격(3천)에 전세 얻을 수 있어요. 그리고 어차피 그 돈은 법에 의해서 돌려받습니다.

다시 브로커 : 3천 받아서 1천 집주인 주고, 2천이 남네요. 오호~ 남는 장사…!!

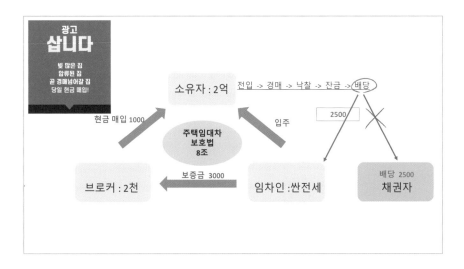

원래는 채권자(은행)가 받아야 했을 (소액)최우선 변제금을 가지고, 자기 들끼리 돌린 셈이죠.

소액임차인 :

주택가액의 1/2조항

지금까지 배운 걸 바탕으로 다음 사건 임차인의 배당금을 계산해 볼까요.

서울에 있는 주택으로 근저당 날짜가 2015년 6월 3일(자료출처 : 태인경매)

2015년 6월 3일 현재, 서울의 소액임차인 조건은 9천500만/3천200만입니다. 고로 위 사건 임차인은 소액임차인으로서 일단 3천200만 원을 최우선 변제 받게 되겠죠.

여기서 가정을 하나 해 보겠습니다. 만약 최종 낙찰가가 5천만 원이라면 배당이 어떻게 될까요?

주택가액의 1/2

주택임대차보호법 제8조 제3항

제8조 (보증금 중 일정액의 보호)③ 제1항에 따라 우선변제를 받을 임차인 및 보증금 중 일정액의 범위와 기준은 <u>제8조의2</u>에 따른 주택임대차위원회의 심의를 거쳐 <u>대통령령으로 정한다</u>. 다만, 보증금 중 일정액의 범위와 기준은 주택가액(대지의 가액을 포함한다)의 2분의 1을 넘지 못한다.〈개정 2009.5.8〉

'법제8조3항에 보면, 주택가액의 2분의 1을 넘지 못한다'라는 조항이 있어요.

즉, 다시 말해서 낙찰금액의 반만 가지고 소액임차인 배당을 한다는 뜻이죠.

위의 사례에서 낙찰가가 5천만이라고 가정하면, 최우선 변제금이 비록 3천200만일지라도 그걸 다 못주는 겁니다. 그랬다가는 낙찰가의 절반(2천500만)을 넘어버리니까요. 결국 낙찰가의 절반인 2천500만 배당을 받고 땡인 거예요. 나머지 2천500만은 일반 순위 배당으로 들어가게 되고, 1순위 채권자(농협)이 받고 끝나겠네요.

임차인이 많은 경우
(예, 다가구주택)

위 사례에서 5천만짜리 임차인이 3명 있다고 가정해 볼까요.

그러면 이번에는 낙찰가(5천만)의 절반(2천500만)을 셋이서 공평하게 나눠야 합니다. 833만 원씩….

낙찰가 1억이라면, 역시 그 절반(5천만)을 셋이서 공평하게 나누는 거죠. 1천666만 원씩….

낙찰가 3억이라면, 그 절반(1억 5천만)을 셋이서 공평하게 나누면 안됩니다. 이때는… ㅎㅎ

낙찰가의 절반(1억 5천만)이 소액임차인 최우선 변제금의 합(3천200만*3=9천600만)보다 많으니까, 그냥 소액임차인 배당을 하면 됩니다. 세임차인에게 3천200만씩(합 9천600만) 배당하면 됩니다.

임차인 여럿의 보증금이 서로 다른 경우 ①

이번에는 낙찰가 1억에 임차인 홍길동 5천만, 전우치 6천만, 일지매 7천만이라면? 결론은 임차인 각각 1천666만 원씩 배당입니다. 혹시 각각의 보증금(5천만, 6천만, 7천만)에 비례해서 받아야 할 거라고 생각한 분 있나요?

임차인 3명은 각각 9천500만 원 이하로써, 최우선 변제 3천200만 원까지 받을 권리가 있어요. 즉, 원래 보증금이 얼마든 간에 최우선 변제금은 3천200만 원까지라는 얘기죠.

원래의 보증금이 중요한 게 아니라, 받아야 할 금액이 중요한 거라, 다들 똑같이 3천200만 원씩 받을 권리가 있는 거죠.

즉, 배당 비율 홍길동 : 전우치 : 일지매=3천200만 : 3천200만 : 3천200만=1 : 1 : 1

낙찰가의 절반인 5천만을 1 : 1 : 1로 나누면 1천666만 : 1천666만 : 1천666만

임차인	보증금	소액배당금	배당재원	5,000
			비율	실제배당금
홍길동	5,000	3,200	1	1,666
전우치	6,000	3,200	1	1,666
일지매	7,000	3,200	1	1,666

임차인 여럿의 보증금이 서로 다른 경우 ②

이번에는 낙찰가 1억에 홍길동 5천만, 전우치 6천만, 일지매 1천만이라면?

위의 예와 약간 다릅니다. 뭐가 다른가요?

바로 일지매의 보증금이 1천만 원. 일지매가 받을 최우선 변제금은? 바로 1천만 원이죠.

법에는 3천200만까지 가능하지만, 자신의 보증금을 넘겨서 받지는 못하죠. 1천만 원 배당.

결국 각각 받을 최우선 변제 금액은

홍길동 : 3천200만 원

전우치 : 3천200만 원

일지매 : 1천만 원

즉, 배당 비율-홍길동 : 전우치 : 일지매=3.2 : 3.2 : 1

낙찰가의 절반인 5천만을 3.2 : 3.2 : 1로 나눠보면 2천162만 : 2천162만 : 675만

즉…

홍길동 : 2천162만 원

전우치 : 2천162만 원

일지매 : 675만 원(1천만 원 못 받습니다. Keypoint)

임차인	보증금	소액배당금	배당재원	5,000
			비율	실제배당금
홍길동	5,000	3,200	3.2	2,162
전우치	6,000	3,200	3.2	2,162
일지매	1,000	1,000	1	675

같은 금액의 배당 재원을 놓고 한쪽이 적게 받으면 다른 쪽이 더 받아 가는 겁니다.⌒⌒

여기까지 오면 어렵습니다. 이렇게 세세하게 나누다가 (아예 경매를) 포기하게 되죠. 아~ 모르겠습니다. 나는 안 되는구나. 경매 어렵네요…. 포기합니다.

그럴 필요가 없어요. 이렇게 몇 만원까지 세세하게 나누는 건 법원에 담당 계장이 할 일인 거예요. 우리는 그냥 "아~ 이 임차인이 소액임차인이구나." 하는 것만 파악하면 됩니다. 그러면 정확히 얼마를 배당 받을지는 (나는) 모르지만, 일단 받긴 받겠구나. 보증금을 몽땅 날리는 임차인은 아니겠구나. 이렇게 시작하세요. ⌒⌒

소액임차인 심화 :

알면 좋고, 몰라도 상관없는 내용

다단계 최우선변제 1

다짜고짜 문제부터 내보겠습니다. ㅋ

주의 : 아래 예시는 배당의 원칙과 과정을 이해하기 위한 예시입니다.

예시

물건지 : 서울
– 2010년 전입O, 확정X, 배당O
임차인A : 2000
임차인B : 4000
임차인C : 6000
임차인D : 8000
– 2011년 근저당1 : 1억
– 2019년 근저당2 : 1억

– 낙찰가 : 무한대

문제 : 위와 같은 경우 임차인 A~D에 대한 인수금액은 얼마일까?

⋮

⋮

모두 풀어 보셨나요?

답이 어떻게 나오던가요?

설마… 인수금이 2억이라고 답을 구한 분은 없겠죠? ㅎㅎ

배당해봅시다

앗! 선순위 임차인이닷!

앞서 나열한 임차인A~D는 모두 선순위 임차인입니다. (후순위면 따질 이유가 없습니다.)

확정이 없기 때문에 배당이 안 된 금액은 모두 낙찰자 인수입니다.

– 답1 : 인수금액 : 2억

답을 이렇게 내셨다면, 공부를 아주 조금 하신 분입니다!

바보야~ 선순위 임차인이 소액임차인지 따져봐야지~!

임차인의 권리 중, 최우선변제권(소액임차인)이라는 제도를 아시는 분이라면 2억을 인수한다는 전제를 깔고 입찰하는 사람보다는 좀더 유리하게 입찰가를 산정할 수 있겠네요.

말소기준권리인 근저당1을 기준으로 최우선변제금 범위는 7500/2500입니다. 즉, 보증금이 7500 이하라면, 2500은 최우선으로 배당해주겠다는 의미입니다. 따라서 각 임차인들의 인수금은 아래와 같습니다.

– 답2 : A=0, B=1500, C=3500, D=5500(?) : 총 인수금액 : 1억 500(?)

(D는 소액임차인이 아니기에 8000 모두 인수입니다.)

자~! 공부를 조금 하신 분들이라면, 여기까진 모두 이해하고 계실 것이라 생각합니다. 그런데… 안타깝게도 아직 답이 나오질 않았네요.

답이 아니라고? 뭐가 문제인데?

제대로 된 배당순서는 다음과 같습니다.

1. 근저당1 기준으로 소액임차인을 따진 후(동순위), 최우선변제
2. 근저당1 배당 ─────〉 보통 여기까지는 어렵지 않게 다 압니다~
3. 근저당2 기준으로 소액임차인을 다시 따진 후(동순위), 최우선변제
4. 근저당2 배당

어? 처음 듣는 얘기라고요?

아닙니다. 모두 수업시간에 배웠는데… 기억이 안 날 뿐입니다~ ㅎ

근저당2를 기준으로 소액임차인의 기준은 보증금 1.1억/3700입니다.

앞서 근저당1을 기준으로 소액임차인을 나눴지요? 모두 선순위지만 확정이 없으니, 우선변제는 안 됩니다. 다음 순서대로 근저당에게 배당해줍니다. 그리고도 돈이 남았네요?(낙찰가 : 무한대) 그러면 두 번째 근저당을 기준으로 다시 소액임차인을 따집니다.

A는 이미 다 받았네요. B, C는 근저당2를 기준으로 소액임차인의 기준이 달라졌네요. 3700까지 받을 수 있으니까 1200씩 더 배당됩니다.

D는 근저당1 기준으로 소액임차인이 아니었지만, 이젠 소액임차인이 됐네요. 3700 주겠습니다.

따라서 낙찰자 인수금액은

　임차인A : 0

　임차인B : 300

　임차인C : 2300

　임차인D : 4300

　－ 답3 : 총 인수금액 : 6900

누가 낙찰이 될지 보이시죠?

당연히 인수금을 가장 적게 권리분석한 사람이 낙찰받을 확율이 높겠죠?

보통, 근저당1까지는 잘 하십니다. 그런데 근저당2를 기준으로도 또 따진다니요? 왜 이런 과정으로 배당을 해주는지 잘 고민해보시면 어렵지 않습니다.

근저당2는 앞에 선순위 임차인이 3명이나 있다는 걸 알고 돈을 빌려줬습니다(몰랐다면 근저당권자가 실수한 거겠지요). 당연히 근저당2에게도 소액임차인에 대한 변제를 최우선으로 해줄 의무가 발생합니다. 최우선변제권은 주임법에서 정한 법입니다.

이번 예시는 쉬운 이해를 돕기 위해 낙찰가를 무한대로 정했습니다.

권리분석을 어떻게 하느냐에 따라서⋯ 우리의 가능성은 확연히 달라진다는 사실!

PS

눈치가 빠른 사람은 아시겠지만, **근저당이 여러 개일 경우,** 결국 최종적인 소액임차인 판단은 가장 늦은 근저당이 기준이 된다는 게 보이실 겁니다. (결과적으로 그렇다는 말입니다.) 그럼 굳이 앞과 같은 순서대로 권리분석을 하지 않고 가장 늦은 근저당권 기준으로 한방에! 해도 되는 거 아니냐?

네. 그러면 절대로 안 됩니다!

꼭 앞의 순서처럼 앞에서부터 순차적으로 하나씩 분석하셔야 합니다! 왜 안 되는지는 마지막 질문으로 남겨두겠습니다~

참고로, 최우선변제는 낙찰가의 1/2 이내에서만 가능합니다.

 주의 : 본 예시는 배당의 과정을 원론적으로 설명하기 위해서 만들어 낸 예시입니다.

실제에는 이런 경우가 많지는 않습니다. 왜냐면, 보통은 근저당1에서 배당이 끝나는 금액에 낙찰이 되는 경우가 대부분이기 때문입니다. **가장 중요한 핵심은 입찰자가 선순위 임차인으로 인해서 얼마를 인수해야 하는지를 아는 것입니다.** 그러기 위해서는 올바른 원칙과 과정을 반드시 이해하고 계셔야 합니다.

소액임차인 심화 :

다단계 최우선변제 2(확정일자부 임차인)

경매의 기초과정 이상을 공부하신 사람들이라면, 대부분 소액임차인의 최우선변제에 대한 내용은 알고 계십니다. 그럼 먼저, 배당과 최우선변제에 대한 원칙을 정리해보겠습니다

아래 원칙은 전입이 말소기준권리보다 당연히 빠른 선순위 임차인이라고 가정하고 적는 거에요~ (전입 안 하면 대항력 없는 거 아니에요? 이런 질문하면 꽉~!)

원칙

❶ 말소기준권리보다 빠른 임차인은 원래 배당을 안 해주고 무조건 낙찰자가 인수하는 거야~

❷ 다만, 확정일자를 받고 경매에 넘어갈 경우 배당을 요구하면 돈 받고 나가겠다는 사람이니까 순서대로 배당을 해줘야 해(우선변제).

❸ 근데, 확정일자 안 받은 사람 중에서도 "보증금 중 일정액을 보호"한다는 법이 있어(주택임대차보호법 제8조, 최우선변제).

제8조(보증금 중 일정액의 보호)

①임차인은 보증금 중 일정액을 다른 담보물권자 보다 우선하여 변제받을 권리가 있다. 이 경우 임차인은 주택에 대한 경매 신청의 등기 전에 제3조 제1항의 요건을 갖추어야 한다. ②제1항에 따라 우선변제를 받을 임차인 및 보증금 중 일정액의 범위와 기준은 제8조의2에 따른 주택임대차위원회의 심의를 거쳐 대통령령으로 정한다. 다만, 보증금 중 일정액의 범위와 기준은 주택가액(대지의 가액을 포함한다)의 2분의 1을 넘지 못한다.

❹ 보호해주는 범위가 기간 따라 다른데, 그 기간을 판단하는 기준이 바로 최초 담보물권 설정일이야.

❺ 담보물권? 근저당 아니고?

❻ 응~ 근저당이 담보물권이야~ 담보물권의 의미는 원래 뭔가 담보를 잡고 돈을 빌려준 권리인 건데… 근저당이 그에 속하는 거지.

❼ 그러나, 주택임대차보호법에서 말하는 담보물권은 근저당만 있는 게 아니라… 담보가등기, 배당요구한 전세권, 확정일자부 임차인, 배당받는 유치권 등이 있어.

❽ 잘 보면, 모두 다 해당 건물을 원인으로 돈을 빌려줬거나, 돈 맡기고 집에서 살거나, 그 건물에 공사를 해주거나…… 즉, 해당 건물을 이유로 어떤 행위들이 있었으니

까 담보물권으로 인정하는 거지. 그래서 채권의 물권화라는 말이 나오는 거야~

❾ 결국, 이런 담보물권 중에 가장 최선순위에 무언가가 있다면, 그걸 기준으로 소액임차인을 판단하면 되는 거야.

자~ 여기까진 이해가 되시나요?

우리는 보통 책이나 수업에서 소액임차인의 판단 기준은 최초 근저당이라고 배웁니다. 왜냐면, 이는 대부분의 경매 사건이 근저당으로 인해서 나오기 때문입니다. 사실, 담보물권이니 뭐니, 그런 거 하나도 모르고, 그냥 근저당만 알아도 대부분의 경매 사건을 분석하는데 지장이 없습니다. 그 정도로 많습니다.

하지만 앞서 말한 원칙처럼 최초 담보물권이 근저당이 아닌 경우도 있습니다. 혹은 담보물권이 한 사건 안에 여러 개인 경우도 있습니다.

그럼 우리가 보통 수업시간에 배우지 않은(왜냐면 이런 경우가 많지 않으니까) 내용을 정리해 드릴께요.

'어느 다가구의 권리분석'

예를 한번 만들어 보겠습니다.

- 1순위 : 임차인A~C(전입O, 확정X, 배당O)
- 2순위 : 근저당
- 3순위 : 확정일자부 임차인
- 4순위 : 배당요구한 전세권
- 5순위 : 근저당이 넣은 임의경매

배당순서(낙찰가는 1000억쯤이라고 할께요^^)

❶ 근저당권 날짜 기준으로 소액임차인을 따진 후 동순위로 A~C 최우선변제.

❷ 근저당 배당.

❸ (돈이 남으면) 확정일자부 임차인 날짜 기준으로 소액임차인을 다시 따진 후 동순위로 임차인A~C 추가 최우선변제(범위만큼 다 받은 사람은 더 안 줌).

❹ 확정일자부 임차인 배당.

❺ (또 돈이 남으면) 배당요구한 전세권 날짜 기준으로 소액임차인 또다시 따진 후

동순위로 임차인A~C 추가 최우선변제.

❻ 배당요구한 전세권 배당.

여기까지 이해 가셨나요?(앞선 글과 같은 예시에요~) 말소기준권리 아래로 담보물권 권리가 1개든, 100개든… 원칙은 각 기준마다 소액임차인을 따지면 됩니다. 담보물권이라고 말하니 외워지지가 않는 분들은…. 그냥 우선변제로 배당받는 권리가 있다면 그때마다 따진다고 보서도 무방합니다.

'나라에서 압류가 들어온 강제경매'

그럼, 다음과 같은 예는 어떨까요?

1순위 : 임차인A(전입O, 확정X, 배당O)

2순위 : 압류(또는 가압류)

3순위 : 확정일자부 임차인B

4순위 : 강제경매

흔히 근저당이 없는 경매 사건의 경우, 소액임차인의 기준은 배당기일입니다. 하지만 앞과 같은 경우라면 소액임차인의 기준은 배당기일이 아니라 확정일자부 임차인이 되어야 합니다.

참고로 확정일자부 임차인은… 말이 좀 어려워서 그렇지… 전입, 확정, 배당 모두 갖추고 있어서 우선변제로 배당받고 나가는 임차인을 말합니다. 압류나 가압류는 물권이 아닌, 채권이기 때문에 소액임차인의 판단 기준이 되지 않습니다.

자…, 그런데 우리는 이걸 왜 모를까요?

이렇게 자세히 가르치는 책이나 유튜브도 왜 없을까요?

이유는 간단합니다.

이런 경우가 별로 없기 때문입니다.

⊡ 우선 이렇게 복잡한 권리 사례가 드뭅니다. 이런 경우는 대부분 한 건물에 세입자가 많은 다가구 등에서 심심치 않게 볼 수 있습니다. 근데 많은 사람들이 대부분 아파트나 빌라를 보시잖아요? 아파트에 임차인이 2명만 있어도 이상한데… 저런 경우, 거의 없습니다.

② 설령 이런 복잡한 권리관계가 있어도 해도, 낙찰가가 최후순위
까지 배당될만큼 남지 않습니다.

'결론'

① 원칙적으로 소액임차인의 판단 기준은 최초 담보물권 설정일이 기준
이나, 임차인의 여부, 낙찰가에 따라서 우선변제로 배당받는 담보물권마다
소액임차인의 기준을 따져야 한다.

② 대표적인 담보물권으로 근저당, 담보가등기, 배당요구한 전세권, 확
정일자부 임차인 등이 있다.

③ 압류, 가압류는 채권이기 때문에 소액임차인 판단 기준이 되지 않는
다.

④ 담보물권이 없는 사건의 경우 소액임차인 판단 기준은 배당기일이다.

⑤ 소액임차인의 최우선변제금은 낙찰가의 1/2 내에서 배당한다.

여기까지 이해하셨으면 적어도 소액임차인에 대한 공부는 그만 하셔도
됩니다 ㅎㅎ

Q&A로 정리하는 임대차 3법

Q.
임대차 3법이 뭐에요?

A. 1. 계약갱신요구권 : 기본 2년 계약 이후, 1회에 한해 2년을 더 살 수 있는 권리
2. 전월세 상한제 : 계약갱신청구권에 의해 보증금을 증액할 경우, 5% 이내로 제한
3. 전월세 신고제 : 주택임대차 계약을 맺으면 30일 내로 계약 당사자와 보증금, 임대료, 임대기간, 계약금, 중도금, 잔금 납부일 등의 계약사항을 지자체에 의무적으로 신고

Q.
계약갱신청구권은 언제부터 사용 가능한가요?

A. 임대인은 임차인이 임대차 기간이 끝나기 6개월 전부터 2개월(2020년 12월 10일 이후 최초로 체결되거나 갱신된 임대차부터 적용됨) 전까지 계약갱신을 요구할 경우 정당한 사유 없이 거절하지 못합니다.

※계약갱신청구권 행사 기간 관련 개정사항(1개월 전→2개월 전, '20.6.9)은 '20.12.10. 이후 최초로 체결하거나 갱신된 계약부터 적용

Q.
2년 이후, 임대인과 임차인이 모두 아무런 말이 없으면 계약은 어떻게 되나요?(묵시적 갱신)

A. 임대인이 주택임대차 종료 시점을 기준으로 6개월 전부터 2개월 전까지의 기간에 임차인에게 갱신거절의 통지를 하지 않거나, 계약조건을 변경하지 않으면(갱신하지 않는다는 뜻의 통지를 하지 않으면) 그 기간이 끝난 때에 전 임대차와 동일한 조건으로 다시 임대차한 것으로 봅니다. 또한 임차인이 임대차 기간이 끝나기 1개월 전까지 통지하지 않은 경우에도 같습니다.

Q.
임차인이 계약갱신청구를 요구하면 임대인은 무조건 거절할 수 없는 건가요?

A. 다음의 어느 하나에 해당하는 경우에 임대인은 임차인의 계약갱신 요구를 거절할 수 있습니다(「주택임대차보호법」 제6조의3제1항 단서).
−임차인이 2기의 차임액에 해당하는 금액에 이르도록 차임을 연체한 사실이 있는 경우
−임차인이 거짓이나 그 밖의 부정한 방법으로 임차한 경우

- 서로 합의하여 임대인이 임차인에게 상당한 보상을 제공한 경우
- 임차인이 임대인의 동의 없이 목적 주택의 전부 또는 일부를 전대(轉貸)한 경우
- 임차인이 임차한 주택의 전부 또는 일부를 고의나 중대한 과실로 파손한 경우
- 임차한 주택의 전부 또는 일부가 멸실되어 임대차의 목적을 달성하지 못할 경우
- 임대인이 다음의 어느 하나에 해당하는 사유로 목적 주택의 전부 또는 대부분을 철거하거나 재건축하기 위하여 목적 주택의 점유를 회복할 필요가 있는 경우
  - ✓ 임대차계약 체결 당시 공사시기 및 소요기간 등을 포함한 철거 또는 재건축 계획을 임차인에게 구체적으로 고지하고 그 계획에 따르는 경우
  - ✓ 건물이 노후 · 훼손 또는 일부 멸실되는 등 안전사고의 우려가 있는 경우
  - ✓ 다른 법령에 따라 철거 또는 재건축이 이루어지는 경우
- 임대인(임대인의 직계존속 · 직계비속을 포함함)이 목적 주택에 실제 거주하려는 경우
- 그 밖에 임차인이 임차인으로서의 의무를 현저히 위반하거나 임대차를 계속하기 어려운 중대한 사유가 있는 경우

Q.

임대인이 위와 같은 사항들을 이유로 계약갱신을 거절했는데, 알고 보니 제3자에게 다시 임대를 놓았다면 임차인은 어떻게 해야 하나요?

A. 갱신되었을 기간이 만료되기 전에 정당한 사유 없이 제3자에게 목적 주택을 임대한 경우 임대인은 갱신거절로 인하여 임차인이 입은 손해를 배상해야 합니다(「주택임대차보호법」 제6조의3제5항).

이에 따른 손해배상액은 거절 당시 당사자 간에 손해배상액의 예정에 관한 합의가 이루어지지 않는 한 다음의 어느 하나의 금액 중 큰 금액으로 합니다(「주택임대차보호법」 제6조의3제6항).

- ✓ 갱신거절 당시 월차임(차임 외에 보증금이 있는 경우에는 그 보증금을 「주택임대차보호법」 제7조의2 각 호 중 낮은 비율에 따라 월 단위의 차임으로 전환한 금액을 포함. 이하 "환산월차임"이라 함)의 3개월분에 해당하는 금액
- ✓ 임대인이 제3자에게 임대하여 얻은 환산월차임과 갱신거절 당시 환산월차임 간 차액의 2년분에 해당하는 금액
- ✓ 위 사유로 인한 갱신거절로 인하여 임차인이 입은 손해액

Q.

계약갱신청구권 법이 발효되기 전에 살던 임차인도 갱신을 요구할 수 있나요?

A. 계약갱신요구권은 2020년 7월 31일 이전부터 존속 중인 임대차에 대하여도 적용됩니다(「주택임대차보호법」 부칙〈제17470호〉 제2조제1항). 그러나 2020년 7월 31일

전에 임대인이 갱신을 거절하고 제3자와 임대차계약을 체결한 경우에는 적용되지
않습니다(「주택임대차보호법」 부칙〈제17470호〉 제2조제2항).

Q.

경매로 낙찰받은 물건에 선순위 임차인이 있는데, 계약갱신 청구권을 주장할까 걱정입니다. 어떻게 해야 하나요?

A. 낙찰받은 물건에 선순위 임차인이 있을 경우, 전입신고와 확정일자를 받은 사람이
배당까지 요구했다면 보증금을 받고 나가겠다는 의미로 간주할 수 있기에 계약갱
신청구권은 쓸 수 없습니다. 하지만 배당을 신청하지 않았다면, 선순위 임차인의
의지에 따라 계속 살 권리가 있기 때문에 계약갱신청구권을 주장할 수 있습니다.
(단, 이미 계약갱신청구권을 쓴 상태라면 남은 계약기간까지만 살 수 있음)

〈출처 : 국토교통부 주택정책과, 보고자료(2020.07.30.) 참조〉

상가임대차보호법(상임법)

흔히 수익형 부동산의 꽃이라고 하면 상가를 많이 떠올립니다. 여기에도 임대인과 임차인 관계가 있으니 그에 맞는 보호법이 필요합니다. 그런데 앞서 배운 주택임대차보호법이 있는데, 굳이 상가임대차보호법이라며 따로 만든 이유가 뭘까요?

분명 무엇인가 다르니까 이 법을 따로 만들었을 겁니다. 그래서 간략하게나마 상가임대차보호법에 대해서 풀어 보겠습니다.

상가임대차보호법이란?

상가임대차보호법, 흔히 줄여서 상임법이라고 많이 부릅니다. 상임법은 주임법(주택임대차보호법)과 큰 틀에서 다르지 않습니다.

상가를 임차한 임차인은 대부분 일정한 보증금과 월세를 냅니다. 그런데 왜 상가를 전세로 임차하는 경우는 드물까요? 매월 상당한 금액의 월세를 내면서 임차하는 것보다 전세로 임차하면 훨씬 맘 편하게 장사할 수 있을 텐데 말이죠.

그 이유는 바로 상임법이 보증금을 보호하는 데 한정이 있기 때문입니다.

흔히, 상가는 대출이 잘 나온다고 하지요? 그 이유가 뭘까요? 상가 임차인을 제대로 보호하지 못하는 상임법 덕분에, 건물주가 은행에 대출을 받아도 은행 입장에서 임차인 때문에 문제가 생길 일이 별로 없으니, 대출 한도에서 '방빼기'와 같은 걸 해줄 필요가 없기 때문입니다.

상가 경매에 조금이라도 관심을 가져본 사람이라면 아시겠지만, 온갖 유튜브나 책, 강의에서 상임법, 특히 경매와 관련된 부분에 대해 쉽게 설명하지 못하는 이유가 바로 여기에 있습니다. 땜질식으로 법이 개정되다 보니 허점이 많고 권리상 상충하는 부분들이 많아 상임법을 알려주는 사람들조차 확실히 알지 못하는 부분이 많기 때문입니다.

상임법을 가장 잘 이해하기 위해서는 아래의 과정을 머릿속에 그리며 이해해 보시면 훨씬 쉬울 것이라 생각합니다.

1. 옛날에는 상가 보증금은 법으로 보호해 주는 것 자체가 없었어요~. 그래서 경매 넘어가면 보증금 떼이기가 십상이었죠.
2. 장사하는 사람들이 피해를 많이 보니까 법이 조금 개정됩니다. 어떻게?
3. 일정한 기준 이하의 보증금은 보호해 줄께. 근데, 그 이상 넘어가면 보호가 안 돼!
4. 보증금이 낮은 영세한 소상공인은 보호해 주고, 비싼 보증금 낸 사람은 돈이 많으니까 보호 안 해준다~ 이거야!
5. 그러자 보증금 비싸게 임차한 임차인들이 왜 우리만 차별해? 이게 말이 되냐~.
6. 알았어. 그럼 거액 임차인도 보호해 줄께. 근데 너희들 보증금을 보호해 주면 채권자들이 너무 힘들잖아? 너희들은 경매 넘어가도 변제는 안 되고, 낙찰자한테 인수는 되게 해준다! 알았지?

자, 이 과정이 상임법이 생겨나서 지금까지 온 과정입니다. 적당히 기억해두시면 됩니다~

상임법을 적용 받으려면 어떻게 해야 하나요?

자, 그럼 상임법을 적용받기 위해서는 어떤 과정을 거쳐야 할까요?

우선 임차인은 상가건물의 임대차 계약을 하고 영업을 하는 것만으로도 상임법의 적용을 받습니다. 상가를 사용하면서 세무서에 가서 사업자등록증을 발급하면 대항력을 갖추게 됩니다.(전입신고와 같은 개념)

세무서에서 사업자등록증을 발급할 때 확정일자까지 받으면 우선변제권까지 갖추게 됩니다. 그렇게 장사하다가 경매 넘어가면, 배당요구종기일 이전에 배당신청을 하면 최우선변제권도 얻을 수 있습니다.

주임법과 별반 다르지 않죠?

환산보증금이란?

상임법이 주임법과 가장 큰 차이가 나는 부분이 바로 환산보증금이라는 개념입니다.

우리가 귀에 못이 박히도록 공부한 주임법에서의 보증금은 그 금액의 범위가 얼마든 간에, 대항력만 있다면 모든 보증금을 보호받을 수 있습니다. 즉, 보증금 변제의 범위에 한정이 없습니다.

하지만 상임법에서는 보증금이 얼마냐에 따라 보호받을 수도 있고, 보호받지 못할 수도 있습니다. 대항력을 갖췄다고 해도(선순위 임차인이라고 해도) 보증금의 크면 대항할 수 있는 힘이 없었습니다(과거형).

환산보증금 = 보증금 + (월세 x 100)

문제는, 상임법의 적용을 받기 위해서는 나라에서 정한 환산보증금의 기준이 있다는 것입니다. 이 범위 안에 들면 상임법을 적용해 주겠다는 뜻이고, 범위를 벗어나면 상임법 적용 대상에서 애초에 제외시킨다는 의미입니다.

한마디로, 환산보증금이 정해 놓은 범위 안에 있으면 영세사업자니까 보호해 주고, 범위를 넘어가면 부자니까 보호 안 해도 된다는 개념입니다. 이게 주임법과 가장 큰 차이점입니다.

상가임대차보호법(최우선변제금)

상가임대차보호법

– 아래 최우선변제금 기준은 임대차 계약일이 아닌 근저당권 설정일 기준임.
– 근저당권이 없는 사건의 경우, 배당종기일이 기준
– 환산보증금 = 보증금 + (월세 x 100)

상가건물임대차보호법 적용대상 및 최우선변제권의 범위

담보물권 설정일	지 역	보호법 적용 대상 (환산보증금)	보증금의 범위 (이하) (환산보증금)	최우선변제액
2002. 11. 1 ~ 2008. 8. 20	서울특별시	2억 4천만 원 이하	4,500만 원	1,350만 원까지
	과밀억제권역(서울특별시 제외)	1억 9천만 원 이하	3,900만 원	1,170만 원까지
	광역시 (군지역 및 인천광역시 제외)	1억 5천만 원 이하	3,000만 원	900만 원까지
	그 밖의 지역	1억 4천만 원 이하	2,500만 원	750만 원까지
2008. 8. 21 ~ 2010. 7. 25	서울특별시	2억 6천만 원 이하	4,500만 원	1,350만 원까지
	과밀억제권역 (서울특별시 제외)	2억 1천만 원 이하	3,900만 원	1,170만 원까지
	광역시 (군지역 및 인천광역시 제외)	1억 6천만 원 이하	3,000만 원	900만 원까지
	그 밖의 지역	1억 5천만 원 이하	2,500만 원	750만 원까지
2010. 7. 26 ~ 2013. 12. 31	서울특별시	3억 이하	5,000만 원	1,500만 원까지
	과밀억제권역 (서울특별시 제외)	2억 5천만 원 이하	4,500만 원	1,350만 원까지
	광역시 (수도권정비계획법에 따른 과밀억제권역에 포함된 지역과 군지역은 제외), 안산시, 용인시, 김포시 및 광주시	1억 8천만 원 이하	3,000만 원	900만 원까지
	그 밖의 지역	1억 5천만 원 이하	2,500만 원	750만 원까지

2014. 1. 1 ~ 2018. 1. 25	서울특별시	4억 이하	6,500만 원	2,200만 원까지
	과밀억제권역 (서울특별시 제외)	3억 이하	5,500만 원	1,900만 원까지
	광역시 (수도권정비계획법에 따른 과밀억제권역에 포함된 지역과 군지역은 제외), 안산시, 용인시, 김포시 및 광주시	2억 4천만 원 이하	3,000만 원	1,300만 원까지
	그 밖의 지역	1억 8천만 원 이하	2,500만 원	1,000만 원까지
2018. 1. 26 ~ 2019. 4. 1	서울특별시	4억 1천만 원 이하	6,500만 원	2,200만 원까지
	과밀억제권역 (서울특별시 제외)	5억 이하	5,500만 원	1,900만 원까지
	부산광역시(기장군 제외)	5억 이하	3,800만 원	1,300만 원까지
	부산광역시(기장군)	5억 이하	3,000만 원	1,000만 원까지
	광역시 (수도권정비계획법에 따른 과밀억제권역에 포함된 지역과 군지역은 제외), 안산시, 용인시, 김포시 및 광주시	3억 9천만 원 이하	3,800만 원	1,300만 원까지
	세종특별자치시, 파주시, 화성시	3억 9천만 원 이하	3,000만 원	1,000만 원까지
	그 밖의 지역	2억 7천만 원 이하	3,000만 원	1,000만 원까지
2019. 4. 2 ~	서울특별시	9억 이하	6,500만 원	2,200만 원까지
	과밀억제권역 (서울특별시 제외)	6억 9천만 원 이하	5,500만 원	1,900만 원까지
	부산광역시(기장군 제외)	6억 9천만 원 이하	3,800만 원	1,300만 원까지
	부산광역시(기장군)	6억 9천만 원 이하	3,000만 원	1,000만 원까지
	광역시 (수도권정비계획법에 따른 과밀억제권역에 포함된 지역과 군지역,부산광역시 제외), 안산시, 용인시, 김포시 및 광주시	5억 4천만 원 이하	3,800만 원	1,300만 원까지
	세종특별자치시, 파주시, 화성시	5억 4천만 원 이하	3,000만 원	1,000만 원까지
	그 밖의 지역	3억 7천만 원 이하	3,000만 원	1,000만 원까지

상임법 적용을 받기 위한

환산보증금의 범위
〈'상가임대차보호법(최우선변제권)' 표 참조〉

환산보증금 범위를 정해 놓은 표를 보니, 이거 어디서 많이 본 것 같지 않나요? 주임법에서 소액임차인의 범위를 정해 놓은 표와 거의 비슷하죠? 다른 점이라면 환산보증금 안에 포함되지 않으면 상임법 자체를 아예 적용 받지 못한다는 점입니다.

이건 굳이 외울 필요는 없습니다. 필요할 때마다 찾아서 보면 되니까요.

- 환산보증금과 상관없이 무조건 적용되는(주장할 수 있는) 조항
  1) 대항력(사업자등록 + 영업)
  2) 계약갱신 요구권
  3) 권리금

- 환산보증금 범위 안에 들면 주장할 수 있는 조항(범위를 벗어나면 상임법 적용 안 됨)
  1) 우선변제권(확정일자)
  2) 임차권등기명령
  3) 묵시적 갱신
  4) 보증금 및 월세 증감 변환
  5) 최우선변제권
  6) 강행규정

2015년 5월 13일을 꼭 기억하자

자, 지금부터 우리 경매인한테 가장 중요하고 필요한 부분들을 설명해 보겠습니다. 앞서 말한 것처럼 환산보증금의 금액에 따라서 법의 보호를 받을 수도, 받지 못할 수도 있다고 했잖아요?

그 외의 것은 주임법의 일반적인 권리분석과 똑같습니다.

① 말소기준권리보다 사업자등록일이 빠르면 선순위, 늦으면 후순위
② **선순위 임차인이 배당 요구하면 배당해 주고, 못 받은 게 있으면 낙찰자 인수(정말?)**
③ 후순위 임차인은 신경 안 써도 됨
④ 확정일자는 배당순서를 정하는 목적임

그런데 말입니다!

주임법에서는 위 ②항처럼, 선순위(말소기준권리보다 빠른 전입) 임차인의 경우는 보증금이 얼마든 모두 보호해 주지만, **상임법에서는 아무리 선순위라도 해당 근저당권 설정일 기준으로 환산보증금의 범위를 벗어나면 보증금을 보호해 주지 않습니다. (중요!)**

즉, 선순위로써의 권리에 합당한 보증금을 변제(최우선변제, 우선변제) 받지도 못했고, 낙찰자가 인수하지도 않았습니다.

세상에~ 선순위의 막강한 권리를 가지고 있는데도 말이죠.

당연히 문제가 많았겠죠.

그래서 **2015년 05월 13일** 법이 개정되었고, 환산보증금 범위 안에 들지 않는, 일명 거액 임차인도 대항력(사업자등록 + 영업)을 갖췄다면 일정 부분에서 상임법의 보호를 받게 되었습니다.

그런데 환산보증금 범위를 벗어난 보증금에 대해서는 여전히 최우선변제권과 우선변제권을 주장할 수 없기에, **결국 선순위 거액 임차인의 보증금은 낙찰자가 무조건 인수하게 되는 현상이 발생하게 됐습니다.**

참고로 환산보증금의 범위를 정하는 기준점은 **담보물건 설정일** 기준이며, 담보물권이 없는 경매사건의 경우에는 **배당종기일**이 기준입니다.

정리하면...

1. 후순위인 경우
 ①낙찰자 인수사항 없음
 ②환산보증금 범위 안에 포함될 경우
  : 최우선변제금만큼 배당
  : 확정일자 있으면 배당순위에 따라 배당(우선변제권)

③환산보증금 범위를 벗어난 경우
: 무조건 아무것도 배당 받지 못함

2. 선순위인 경우

①2015년 5월 13일 이전 선순위

－환산보증금 범위 안에 포함될 경우

: 최우선변제, 우선변제권 있음, 우선변제 받지 못한 금액은 낙찰자 인수

－환산보증금 범위를 벗어난 경우

: 인수 없음. 단, 환산보증금 범위 초과하더라도 2015년 5월 13일 이후 갱신됐다면 인수

②2015년 5월 13일 이후 선순위

: 환산보증금이 얼마든 무조건 낙찰자가 인수. **단, 환산보증금 안에 포함될 경우, 최우선변제, 우선변제금을 배당받을 수 있기에 인수금액 달라질 수 있음**

매각물건명세서를 꼭 확인하자!

앞서 정리한 내용들로 인해, 상가 경매의 경우, 유료 경매지에서도 권리분석에 실수할 때가 종종 있습니다. 실제로는 인수해야 할 보증금인데 경매지에서는 소멸이라고 나온다든가, 실제로 인수할 필요가 없는데 인수해야 한다고 나옵니다. **즉, 경매지만 믿고 입찰하면 아무도 책임지지 않는다는 말이지요.**

가장 많은 사고 유형은….

①인수가 안 되는 줄 알았는데, 인수되는 선순위 임차인

②배당이 된다고 생각했는데, 인수되는 보증금

인수 여지가 있는 임차인이 있을 때, 즉 선순위 임차인이 있을 경우, 가장 정확한 판단 기준은 **'매각물건명세서'**를 확인하는 겁니다. 통상적으로 상가의 경우에는 인수사항이 있다면 매각물건명세서에 주의사항으로 기제를 합니다. 인수라고 적혀있지 않은데, 낙찰받고 인수해야 하는 상황이 되면, 최소한 불허가 신청이라도 할 수 있는 가능성이 있기 때문입니다.

마치며

상가 경매 권리분석에서 가장 핵심적인 부분은 이것입니다. 이 부분만 실수하지 않는다면, 나머지 권리분석에서는 우리가 배운 주임법과 대부분 똑같다고 보아도 됩니다.

상가 임대차에 대해 집필을 도와주신 달빛님께 감사를 드립니다.

제 4 장

안분배당
(평등배당)

깜짝 퀴즈 :
임차인 배당금 계산하기

등기권리		
저당권 A	2019. 4. 1	5천만 원
저당권 B	2019. 6. 1	5천만 원
임의경매	저당권 A	

등기권리가 위와 같을 때, 낙찰이 1억이라고 가정하고….
문제1과 문제2의 경우 임차인 배당은 어떻게 될까요?

문제 1 : 전입날짜와 저당권 날짜가 같음

임차인 내역		
전우치	전입	2019. 6. 1
	확정	2019. 5. 1
	보증금	1억 원

문제 2 : 확정일자와 저당권 날짜가 같음

임차인 내역		
홍길동	전입	2019. 5. 1
	확정	2019. 6. 1
	보증금	1억 원

문제1번은 이미 우리가 배운 내용이죠. 전입은 익일 0시 효력 발생합니다. 고로 전입 날짜와 저당권 날짜가 같으면, 전입이 다음 날로 밀리는 겁니다.

배당 순위	날짜	권리	금액	낙찰 1억 원
1	16.04.01	저당권	5,000만 원	5,000
	16.05.01	확정		
3	16.06.01 (06.02)	전입	1억 원	X
2	16.06.01	저당권	1억 원	5,000

임차인은 배당순위가 3순위(2순위 근저당과 같은 날짜)가 되서 배당은 한 푼도 못 받습니다. 반면에 2번 문제는 좀 다릅니다. 확정일자랑 근저당 날짜가 같아요. 이런 경우는 어떻게 될까요?

배당 순위	날짜	권리	금액	낙찰 1억 원
	16.04.01	저당권	5,000만 원	
	16.05.01	전입	1억 원	
	16.06.01	확정 (????)		
	16.06.01	저당권	1억 원	

전입은 다음날 효력 발생이라고 배웠는데, 확정일자는 어떨까요?

자 이제부터 배웁니다. 확정일자는 당일 효력이 발생입니다. 그래서 근저당하고 날짜가 같으면 순위를 매길 수 없게 됩니다. 난형난제입니다. 결국은 동순위라는 거죠.

동순위면 배당은 어떻게 하는 게 합리적일까요? 맞아요. 서로 공평하게 나눠 갖으면 됩니다. 그게 바로 안분배당(또는 평등배당)이에요. 우리가 이번 장에서 배울 내용이죠.

배당 순위	날짜	권리	금액	낙찰 1억 원
1	16.04.01	저당권	5,000만 원	5,000
	16.05.01	전입	1억 원	
2	16.06.01	확정 (당일효력)		2,500
2	16.06.01	저당권	1억 원	2,500

동순위 → 안분배당

배당의 방법 :

순위배당 vs 안분배당

배당은 딱 2가지 방식이 있습니다. 순위배당과 안분배당이에요. 우리가 지금까지 배웠던 배당은 2가지 배당 방식 중에 하나만 배운 거예요. 바로 순위배당을 배운 거죠. 부동산 등기권리 중에 가장 흔한 게 근저당과 가압류인데, 그중에 근저당이 있는 경우만 예를 들면서 설명을 했어요. 가압류 배당 방식은 다릅니다.

배당의 방법

1. 순위 배당 (우선 변제) : 저당권

2. 안분 배당 (평등 배당) : 가압류

저당권이나 임차인은 순위배당 방식이에요. 먼저 온 놈을 먼저 배당해 주고 남는 게 있으면 다음 놈을 주는 방식이죠. 가압류는 달라요. 바로 이번 장에서 배울 공평하게 나눠주는 방식(안분배당)을 합니다.

안분배당으로 진도가 들어가면, 많은 분들이 헷갈리는 게 있는데요. 공평하게 나눠주는 것에도 순서가 있습니다. 이것만 기억하면 혼란이 없을 거예요. (되레 말이 더 혼란스럽나요? 공평한 것도 순서가 있다?)

무슨 소리냐, 일단 기본적인 배당순서는 우리가 지금까지 배운 대로 등기상의 순서를 따릅니다. 즉, 1순위-〉2순위-〉3순위 이렇게 진행하는 건 변함이 없어요. 그렇게 순서대로 진행을 하면서 각각의 순서에 왔을 때, 이 권리가 순위배당을 하는 것이냐 안분배당을 하는 것이냐를 따지는 겁니다. 말로 하면 헷갈릴 뿐이고, 표를 보겠습니다.

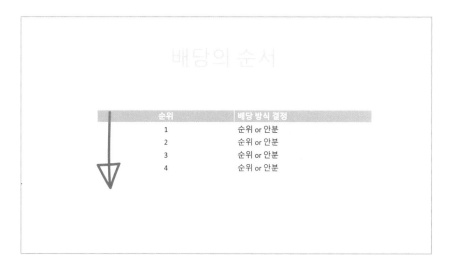

결론은 이게 저당권이냐 가압류냐를 따지는 것과 같은 결과입니다.

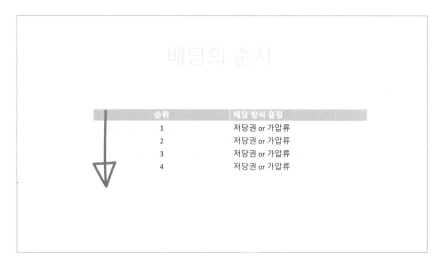

1순위부터 차례대로 내려오면서 저당권이면 순위배당, 가압류면 안분배당을 하는 거죠.

배당의 방식 다시 보기(순위배당)

순위	낙찰 1.5 억		
1	10월 1일	근저당 A 1억	1 억
2	11월 1일	근저당 B 1억	5 천
3	12월 1일	근저당 C 1억	-

원래는 이랬던 겁니다.

그동안 얼렁뚱땅 넘어갔던 배당에 대해 제대로 짚고 넘어가겠습니다. 1순위부터 차근차근 내려오면서 근저당 or 가압류를 판단합니다. 1순위 근저당 고로 순위배당 1억, 2순위 근저당 역시 순위배당 남은 금액 5천만, 배당 끝입니다. 3순위까지 가지 못하죠. 남은 배당 재원이 없으니까요.

임차인이 있을 때는?

순위	낙찰 1.5 억		
1	10월 1일	근저당 A 1억	1 억
2	11월 1일	전입(확정)	5 천
3	11월 5일	근저당 B 1억	-
4	12월 1일	가압류	-

마찬가지로 1순위부터 차례대로 내려옵니다.

1순위 근저당 순위배당 1억

2순위 임차인 순위배당 5천만

배당 끝입니다.

3순위 이하는 배당이 없어요.

임차인은 왜 순위배당일까요?

순위배당 2.

순위	낙찰 1.5 억		
1	10월 1일	근저당 A 1억	1 억
2	11월 1일	전입(확정)	5 천
3	11월 5일	근저당 B 1억	-
	12월 1일	가압류	-

주택 임대차 보호법

제3조 2 제 2항 대항요건과 임대차계약증서상의 확정일자를 갖춘 임차인은 민사집행법에 의한 경매 또는 국세징수법에 의한 공매 시 임차주택의 환가대금에서 후순위 권리자 기타 채권보다 우선하여 보증금을 변제 받을 권리가 있다.

임대차보호법에 임차인이 확정일자를 갖추면, 순위배당 받을 수 있다고 아예 명시되어 있던 겁니다. (우선변제권)

안분배당

제가 2006년에 낙찰을 받은 아파트입니다.(단돈 천원 차이로 낙찰…!!)

임차인의 배당순위를 보면 3순위로써 단순히 순위배당으로 들어가면 배당을 한 푼도 못 받는 상황입니다. 그런데 2순위에 가압류가 있습니다. 즉, 가압류는 안분배당이에요.

이대로 배당이 진행되면, 임차인은 배당을 한 푼도 못 받습니다.

배당의 진행

1순위는 근저당 : 순위배당 – 채권액 2천800만 원을 모두 받습니다.

2순위는 가압류 : 안분배당 – 나머지 채권자와 나눠 갖습니다.

안분배당의 핵심 : 1순위는 이미 배당을 받은 겁니다. 선순위 채권자와는 안분배당에서 나눠줄 필요가 없어요. 즉, 안분배당은 후순위 채권자와 나누는 겁니다.

2순위 가압류(2천600만)과 3순위 임차인(3천500만) 둘 사이에서 나누면 됩니다. 1순위는 이미 배당(2천800만)을 받았고, 남은 배당재원(2천100만)을 가지고 가압류(2천600만)와 임차인(3천500만)이 공평하게 (비율대로) 나누는 겁니다.

안분배당 : 채권자끼리 공평하게 나눕니다. 공평=비율

가압류와 임차인은 2천600만 : 3천500만의 비율로 나눕니다.

안분배당

순위	낙찰 4,900만 원			
1	2000.07	근저당 A	2,800	2,800
2	2005.01	가압류	2,600	900
3	2005.02	전입&확정	3,500	1,200

배당의 진행(다시)

1순위는 근저당 : 순위배당 – 채권액 2천800만 원을 모두 받습니다.

2순위는 가압류 : 안분배당 – 나머지 채권자와 나눠 갖습니다.

그래서 2순위(가압류)가 받을 배당금은 남은 금액(2천100만)을 26 : 35의 비율로 나눠서 26의 지분을 받으면 됩니다.

가압류 배당금 : 26/(26+35)*2천100만 = 900만 원

남은 배당재원 : 1천200만 원

3순위는 임차인 : 순위배당–남은 배당재원(1천200만)에서 채권액(보증금 =3천500만)만큼 받습니다. 즉, 남은 돈 1천200만을 다 받으면 끝납니다. 배당재원 제로(0)입니다.

 여기서 잠깐…!!

3순위 임차인은 안분배당을 한 게 아닙니다. 순위배당을 한 겁니다. 2순위 (가압류) 채권자한테 배당해 주고, 남은 금액을 가지고 순위배당을 한 거예요.

무슨 소린가… 좀더 볼까요.

이 사례에서 4순위 채권자가 있다고 가정해 보겠습니다.

흡수배당

안분배당 공부할 때, 가장 헷갈려하는 부분입니다. 이번 기회에 확실히 잡아보자고요.

안분배당 1.

순위	낙찰 4,900만 원				
1	2000.07	근저당 A	2,800	2,800	
2	2005.01	가압류	2,600	26 26+35+30	x 2,100
3	2005.02	전입&확정	3,500		
4	2005.05	저당권 B	3,000		

3순위 임차인 다음에 4순위 저당권이 있다고 가정해 볼게요.

배당의 진행

1순위는 근저당 : 순위배당−채권액 2천800만 원을 모두 받습니다. 남은 돈은 2천100만 원입니다.

2순위는 가압류 : 안분배당−나머지 채권자와 나눠 갖습니다.

즉, 가압류보다 선순위(여기서는 1순위 근저당 하나)를 제외한 나머지 채권자들(가압류, 임차인, 저당권 B)과 나누는 겁니다. 가압류 2천600만, 임차인 3천500만, 근저당 B 3천만입니다. 가압류 채권자가 금액은 26 : 35 : 30의 비율로 나누게 되는 셈입니다. 받을 금액이 확실히 적어집니다.

가압류 배당금 : 26/(26+35+30)*2천100만=600만 원

남은 배당재원 : 1천500만 원

3순위 임차인 : 순위배당−본인 채권이 만족할 때까지 배당입니다. 남은 배당재원(1천500만)에서 채권액(보증금=3천500만)만큼 받습니다. 즉, 남은 돈 1천500만을 다 받으면 끝납니다. 배당재원 제로(0)입니다.

여기서 잠깐…!!

앞 사례에 비해서 배당액이 늘었습니다.

4순위 저당권 B : 순위배당–그러나 남은 돈이 없어서 배당도 없습니다.

안분배당의 핵심 : 2순위(가압류)가 안분배당이라고 해서 4순위까지 다 같이 나눠 갖는 게 아니라는 점입니다. 2순위(가압류)만 안분배당 방식으로 본인 배당금을 정하고, 다시 3순위, 4순위는 채권 성질(근저당 또는 가압류)에 맞는 배당을 한다는 얘기에요.

안분배당 1.

순위	낙찰 4,900만 원			
1	2000.07	근저당 A	2,800	2,800
2	2005.01	가압류	2,600	$\frac{26}{26+35+30}$ × 2,100 = 600
3	2005.02	전입&확정	3,500	1,500
4	2005.05	저당권 B	3,000	-

흡수배당

일단은 비율대로(26 : 35 : 30=600만 : 850만 : 650만) 나눠줬다가 마치 3순위 채권자(임차인)가 4순위 채권자(저당권 B)가 받을 금액마저 뺏어가는 것처럼 보입니다. 그래서 이걸 흡수배당이라고 부르기도 합니다.

그런데 그걸 일단 나눠줬다가 다시 흡수배당하고 하는 절차는 복잡하기만 할뿐이에요. 그냥 제가 알려드리는 대로 1순위부터 차례대로 내려오면서 배당금액을 결정하면 간단합니다. ^^

여기서 5순위가 하나 더 있다면 어떨까요?

이제는 한눈에 그려질 겁니다. 간단하게 생각하세요. 1순위→5순위까지 차례대로….

안분배당 2.

순위	낙찰 4,900만 원			
1	2000.07	근저당 A	2,800	2,800
2	2005.01	가압류	2,600	$\frac{26}{26+35+30+30}$ 450 × 2,100
3	2005.02	전입&확정	3,500	1,650
4	2005.05	저당권 B	3,000	-
5	2005.10	저당권 C	3,000	-

5순위 채권자가 추가되므로 해서 나누는 분모가 커지니까, 2순위(가압류) 채권자가 받을 몫은 더욱 적어집니다. 2순위 배당금이 적어지는 만큼, 3순위(임차인)의 배당금은 커지는 겁니다. 그리고 여전히 4순위, 5순위는 배당을 못 받습니다. 물론, 낙찰가가 높아서 3순위(임차인) 채권자에게 배당을 해주고 남는 금액이 있으면, 4순위 또는 5순위까지 배당이 돌아가는 건 당연한 겁니다.

가압류가 여러 개라면…

　가압류가 여러 개 있다고 해서 달라지는 건 없습니다. 기본원칙은 같아요. 배당순위대로 내려오면서 그때그때 순위 또는 안분하면 됩니다.

　앞의 사례를 그대로 놓고, 2순위, 3순위가 가압류인 경우를 가정해 볼까요.

안분배당 3.

순위			낙찰 4,900만 원		
1	2000.07	근저당 A	2,800	2,800	
2	2005.01	가압류 갑	2,600	26 / 450 / 26+35+30+30	x 2,100
3	2005.02	가압류 을	3,500		
4	2005.05	저당권 B	3,000		
5	2005.10	저당권 C	3,000		

배당의 진행

1순위 근저당 : 순위배당─채권액 2천800만 원을 모두 받습니다. 남은 돈 2천100만 원

2순위 가압류 : 안분배당─2순위 이하 후순위 채권자와 나눠 갖습니다.

3순위 가압류 : 안분배당─3순위 이하 후순위 채권자와 나눠 갖습니다.

4순위 근저당 : 순위배당

5순위 근저당 : 순위배당

안분배당 3.

순위	낙찰 4,900만 원				
1	2000.07	근저당 A	2,800	2,800	
2	2005.01	가압류 갑	2,600	26 / 450 / 26+35+30+30	x 2,100
3	2005.02	가압류 을	3,500	35 / 600 / 35+30+30	x 1,650
4	2005.05	저당권 B	3,000	1,050	
5	2005.10	저당권 C	3,000	-	

 여기서 잠깐…!!

1순위 근저당을 보면, 여기까지 오면서 이런저런 사례를 추가하면서 배당에 변화를 줘봤는데, 전혀 변화가 없죠. 이게 바로 근저당의 힘입니다. 일단 근저당으로서 순위를 확보해 놓으면, 그 이하 후순위에서는 무슨 일이 생기든지 걱정할 필요가 없는 거죠. 채권자가 아무리 추가된다 하더라도 아무 걱정이 없는 겁니다.

✧ 이것만 기억하자!

가압류는 날짜와 상관없이 비율대로
안 분 배 당

제 5 장

다가구주택

다가구주택 권리분석

다가구주택은 일반적으로 임차인이 여러 명 있겠죠. 임차인이 많다고 해서 권리분석이 달라질 건 없습니다. 우리가 배웠던 권리분석 순서는 그대로 유지가 되는 거죠.

권리분석 순서

1. 말소기준권리 찾기
✓ (근) 저당권
✓ 가압류

2. 임차인 선순위/후순위 파악
✓ 전입날짜

3. 임차인 배당순위
✓ 전입 & 확정일자

단지 임차인이 많다 보니까, 2단계 3단계에서 확인할 게 많을 뿐이에요.
다음 사례를 보면서 공부해 보겠습니다.

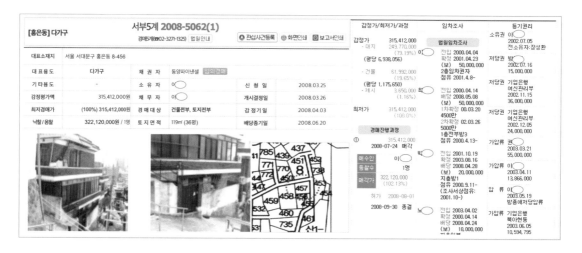

임차인이 4명 있는 다가구주택이네요. 보통 10명 20명씩 있는 경우에 비하면, 분석하기 쉬운 편에 들어갑니다. 다가구주택을 분석할 때는 일단 그림을 그려보면 한 눈에 파악할 수 있어요.

이런 식으로요.

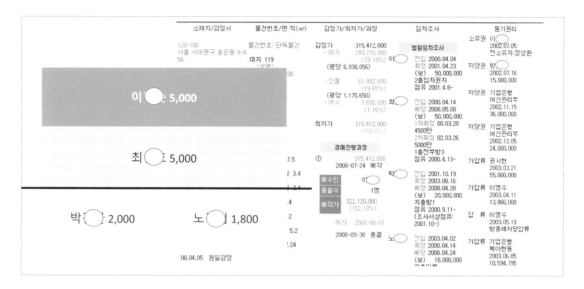

몇 층 몇 호에 누가 거주하는지 파악해 보는 거예요. 그러면 전체 몇 개
호실에 임차인이 몇 명 들어 있는지 파악이 용이하고, 어느 방이 비어 있는
지도 파악하기 쉬워집니다. 그림을 그려 놓고 보니까, 현재 이 건물은 지하
에 2가구, 1층 1가구, 2층 1가구 해서 총 4가구(보증금 합계 1억 3천800만
원)가 들어 있는 게 한 눈에 보이죠.

예) 3개 층 18가구 건물이 일목요연하게 정리됩니다.

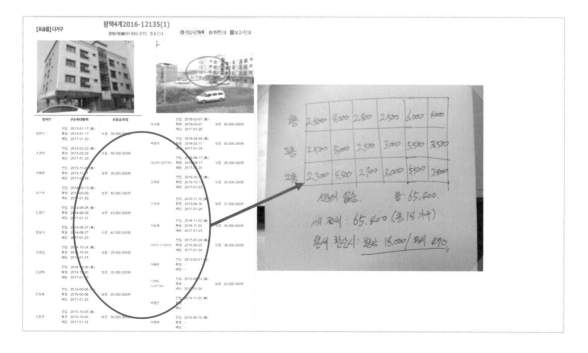

이렇게 그림을 그려서, 전체적인 윤곽을 파악한 후 권리분석에 들어갑니다.

1. 말소기준권리	00.04.04	전입 이OO	5,000
	00.03.20	1차 확정 최OO	4,500
2. 임차인 선/후	00.04.14	확정 노OO	
	00.04.14	전입 최OO	5,000
3. 임차인 배당 순위	01.04.23	확정 이OO	
	01.10.19	전입 박OO	2,000
4. 소액 임차인	02.03.26	2차 확정 최OO	500
	02.07.16	근저당 방종애	1,500
	02.11.15	근저당 기업은행	3,600
	02.12.05	근저당 기업은행	2,400
	03.04.02	전입 노OO	1,800
	03.08.16	확정 박OO	

1단계 : 말소기준권리

등기상의 권리 중 말소기준권리를 찾습니다.

이 사건의 경우 2002년 7월 16일자 근저당 1천500만 원

2단계 : 임차인의 대항력 파악(선순위/후순위)

등기상의 권리와 임차인의 전입일자를 날짜순으로 늘어놓고 보면, 딱 보이죠. 전체 임차인 4명 중에 선순위 임차인 3명, 후순위 임차인 1명입니다.

1. 말소기준권리	00.04.04	전입 이OO	5,000	
2. 임차인 선/후				선순위(대항력O)
3. 임차인 배당 순위	00.04.14	전입 최OO	5,000	
4. 소액 임차인	01.10.19	전입 박OO	2,000	
	02.07.16	근저당 방OO	1,500	
	02.11.15	근저당 기업은행	3,600	
	02.12.05	근저당 기업은행	2,400	
	03.04.02	전입 노OO	1,800	후순위(대항력X)

3단계 : 임차인 배당순위

임차인 4명에 대해서 차례대로 한 명씩 전입일자, 확정일자를 따져가면서 배당순위를 정하면 됩니다. 어려울 거 없어요. 임차인이 여럿이다 보니까, 하나씩하나씩 파악하기가 귀찮을 뿐이죠.

1. 말소기준권리		00.04.04	전입 이영순	5,000		
		00.03.20	1차 확정 최영호	4,500		
2. 임차인 선/후		00.04.14	확정 노경원			
3. 임차인 배당 순위	1	00.04.14	전입 최OO	4,500		
	2	01.04.23	확정 이OO	5,000		
4. 소액 임차인		01.10.19	전입 박경환	2,000		
	3	02.03.26	2차 확정 최OO	500		
	4	02.07.16	근저당 방종O	1,500		
	5	02.11.15	근저당 기업은행	3,600		
	6	02.12.05	근저당 기업은행	2,400		
	7	03.04.02	전입 노OO	1,800		
	8	03.08.16	확정 박OO	2,000		

4단계 : 소액임차인 여부

이제 마지막 단계입니다. 임차인들 중에 소액에 해당하는 임차인은 누구인가?

이 당시 근저당 날짜(2002년 7월 16일)와 물건지 위치(서울)로 파악해 보면, 소액 범위 4천만 원/최우선 변제금 1천600만 원입니다. 임차인 4명 중에 2명은 5천만 원으로 탈락입니다. 나머지 2명은 각각 1천800만 원, 2천만 원으로 소액임차인에 해당합니다.

그래서 최종 배당표는 다음 표와 같이 정리가 됩니다.

	0	노OO : 1,600	박OO : 1,600		
1. 말소기준권리		00.04.04	전입 어명순	5,000	
		00.03.20	1차 확정 최인호	4,500	
2. 임차인 선/후		00.04.14	확정 노정임		
3. 임차인 배당 순위	1	00.04.14	전입 최OO	4,500	
	2	01.04.23	확정 이OO	5,000	
		01.10.19	전입 박진한	2,000	
4. 소액 임차인	3	02.03.26	2차 확정 최OO	500	
4,000 / 1,600	4	02.07.16	근저당 방종O	1,500	
	5	02.11.15	근저당 기업은행	3,600	
	6	02.12.05	근저당 기업은행	2,400	
	7	03.04.02	전입 노OO	~~1,800~~	200
	8	03.08.16	확정 박OO	~~2,000~~	400

어려운 건 아닙니다. 단지 지루하고 귀찮을 뿐입니다. 다가구주택을 분석할 때는 A4용지 펼쳐 놓고, 임차인과 등기상 권리를 날짜별로 쭉 나열하면 됩니다.

주택임차권등기

정의 : 주택임차인의 권리를 등기에 올린 것입니다.

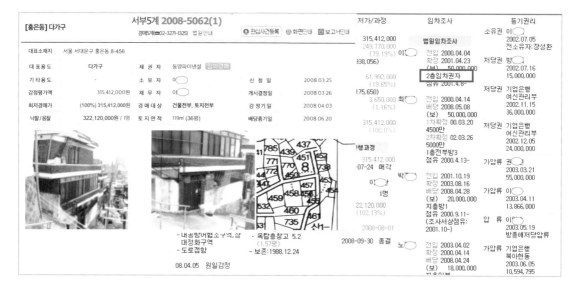

임차인의 가장 중요한 권리는 전입을 통한 대항력을 확보거든요. 임차인이 주소를 뺐다가(즉, 전출했다가) 대항력을 상실하는 사례에 대해 공부를 했잖아요. 다시 한번 강조해도 모자람이 없는 전입 유지입니다. 보증금 돌려받는 것과 전출은 동시에…. 동시이행입니다.

이렇게 강조하는 게 전입인데, 어쩔 수 없이 주소를 빼야 하는데, 보증금은 돌려받을 수 없는 상황입니다. 그럴 때 하는 게 임차권등기입니다. 등기에다 임차인의 권리(전입, 확정, 보증금) 관계를 적어 놓는 거죠. 그렇게 해놓은 면, 보증금 못 받고 전출을 하더라도 괜찮은 거예요. 임차권 등기자는 여전히 그 집의 임차인으로서 자격이 있는 거죠.

| 4 | 주택임차권 | 2004년11월24일 제42457호 | 2004년11월8일 서울서부지방법원의 임차권등기명령(2004카 기 2677) | 임차보증금 금50,000,000원 범 위 2층 전부 임대차계약일자 2001.3.2. 주민등록일자 2001.4.4. 점유개시일자 2001.4.8.

확정일자 2001.4.23. 임차권자 이◯◯ 550415-2＊＊＊＊＊ 서울 서대문구 홍은동 8-456 |

임차권등기는 등기 설정 날짜는 중요하지 않아요. 그 등기 내용이 중요한 거죠. 무슨 소리냐, 위 사례를 보면 임차권 등기일은 2004년 11월 24일이에요. 말소기준권리(2002년 7월 16일 근저당)보다 후순위로 보이죠. 허나 그건 중요하지 않고요. 등기의 내용 자체가 (전입일 2000년 4월 4일) 선순위 임차인의 지위를 유지하는 겁니다.

이제 주택임차권등기자의 배당여부입니다.

배당요구 : 임차권자가 배당요구를 하면, 당연히 배당에 참여를 합니다.
배당요구 안했을 시 : 그런 경우는 배당에 참여할 수도 있고, 배당에서 배제될 수도 있습니다. 입찰 전에 해당 경매계에 문의를 해 보셔야 합니다. 배당여부에 따라서 명도의 난이도, 입찰가의 산정에 영향을 미치게 될 테니까요.

채권과 물권에 대한 이해

채권과 물권은 어떻게 다른 것일까요?

중요한 재산권에 속하는 물권과 채권의 차이점으로 많은 부분이 있지만 오늘 설명드릴 큰 차이점은 크게 두 가지입니다.

첫째, 물권은 불특정 다수에게 그 사물에 대한 권리를 주장할 수 있는 권리를 말합니다. 반면 채권은 특정 채무자에게만 권리주장이 가능하죠.

둘째, 물권은 그 사용과 수익을 보장하기 위해서 물권적 청구권이 인정되지만, 채권은 배타성이 없으므로 모든 사람에게 권리보호를 주장할 수 있는 물권적 청구권을 인정할 수 없습니다. 블라 블라 블라….

육법전서가 눈앞에 아른아른… 어지러워요.

어렵죠? ㅋㅋ.

제 스타일이 아닙니다. 저는 저렇게 설명 안하잖아요. 왜냐고요? 우리가 시험 보기 위해 배우는 건 아니니까요

채권과 물권에 대해 자세히 정확히 제대로 알고 싶으면, 민법을 들춰 보시고요. 인터넷을 뒤져보세요. 정말 다양한 그리고 아주 많은 정보가 있습니다. 진짜 인터넷 덕분에 공부하기 아주 좋습니다. 여기서는 要(요)!, 제가 스터디 시간에 강의했던 내용 그대로 채권과 물권에 대해서 정리를 해보겠

습니다.

우리가 말소기준권리를 배우고, 배당을 공부할 때, 주로 다루는 권리가 근저당과 가압류잖아요. 말소기준권리라고 해서 우리가 배우는 건 5가지 (근저당, 가압류, 전세권, 가등기, 경매기입등기)로 나누지만, 현실에서 접하는 경매 물건의 90% 이상은 말소기준권리가 근저당 아니면 가압류일 겁니다.

근저당 = 물권, 가압류 = 채권

자, 그렇게 우리가 흔하게 만나는 근저당과 가압류입니다. 여기서 근저당을 물권이라 하고요. 가압류를 채권이라고 합니다. 간단해요. 그냥 이렇게 기억하세요.

그리고 수업시간에 근저당은 배당을 어떻게 했었죠? 우선 변제를 했었죠. 먼저 들어온 놈(?)이 먼저 배당받기… 그럼 가압류는…? 순위에 상관없이 나눠 가졌습니다. 안분배당.

그게 그대로입니다. 물권은 우선변제를 하고, 채권은 안분배당을 하는 거죠.

경매 종류 중에 임의경매/강제경매가 있다는 얘기 들어보셨죠?

임의경매는 근저당권자가 넣습니다. 채무자가 빚을 안 갚아요. 그러면 근저당권자는 문득 법원에 가서 경매를 신청하면 됩니다. 그럼 바로 경매가 진행이 되죠.

아침에 밥을 먹다가 돌을 씹었어요. 기분이 나빠요. 기분도 나쁜데, 법원에 가서 경매나 넣을까, 그럼 경매가 들어가는 겁니다. 근저당권자 마음이에요. 이렇게 근저당권자 임의로 경매를 넣었다 해서, **임의경매**라고 부르는 거구요.

반면에 가압류권자는 경매를 넣고 싶어요? 그럼 법원에 가서 경매를 넣고 싶다고 신청을 해야 합니다. OOO반환청구소송 같은… 뭔가 소송을 해야 하구요. 그 소송에서 이겨야 비로소 경매를 넣을 수 있는 권리가 생기는 거죠. 이런 걸 집행권원이라고 하거든요. 뭐 몰라도 되는 말입니다. ㅎㅎ

아침에 돌을 씹었어요. 기분 나빠요. 경매 넣어주세요. 그럼 법원에서 판단을 하는 겁니다. 그 정도면 기분이 나쁠 만하니 경매를 넣어라, 아니면 그 정도로는 부족하니 혀까지 마저 씹고 와라, ~라든가, 하여간 가압류권자가 법원의 허락(?)을 얻어서 경매를 넣는 걸, **강제경매**라고 합니다.

HOME 336

임차인의 보증금

임차인의 보증금은 원칙적으로 채권입니다. 임차인이 전세를 구한다, 그러면 집주인에게 돈(전세보증금)을 주고 그 대가로 집을 사용하는 거죠. 돈을 줬다는 증서가 바로 계약서인거구요. 계약서=차용증(금전소비대차)인거구요.

근데, 임차인이 계약서상에 확정일자를 받으면, 근저당권자처럼 우선변제 대상이 되죠? 만약 확정일자 제도가 없었다면, 임차인이 보증금을 돌려받기 위해서 집주인 재산(즉, 전셋집)에 가압류를 걸어야 하는 거고, 그럼 나중에 경매에서 안분배당을 받게 되는 겁니다.

그런데 확정일자 덕분에 편안(?)하게 경매배당에 참여해서 그것도 안분배당이 아닌 우선 변제를 받는 특혜(?)를 누리는 겁니다.

끝으로 임차인이 직접 경매를 신청하려면…? 이때는 보증금 반환 청구소송을 제기해서 승소를 해야 하고요. 그 과정에서 얻은 집행권원을 가지고 경매를 신청하는 겁니다. 즉, 강제경매란 뜻이죠. 당연하겠죠? 임차 보증금은 원래 채권이니까요.

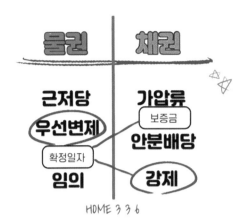

*채권의 물권화

임차 보증금이 원래는 채권이라 배당에서 우선권이 없었던 건데, 확정일자를 받음으로 해서 근저당권자(즉, 물권)와 같이 우선 변제를 받을 권리가 생긴 겁니다. 이걸 채권의 물권화라고 합니다.

제 **6** 장

말소기준권리 5가지

말소기준권리에는 총 5가지가 있습니다.

그중에 2가지(근저당, 가압류)는 지금까지 배웠고요.

이제 남은 3가지(전세권, 가등기, 강제경매)를 배울 차례입니다.

말소기준권리의 종류

1. (근)저당권
2. (가)압류
3. 전세권
4. 가등기
5. 강제경매기입등기

전세권

　전세권은 말소기준권리가 될 수도 있고, 안 될 수도 있어요. 이것은 다음에 설명 할 가등기도 마찬가지인데, 지금까지 배운 근저당/가압류는 무조건 말소기준권리인데 반해 전세권/가등기는 경우에 따라서 되기도 하고 안되기도 합니다.

어떤 경우에 말소기준권리가 되는가?

다음의 2가지 조건을 충족할 때 말소기준권리가 됩니다.

-선순위 전세권

-배당요구

　즉, 선순위 전세권으로써 배당요구를 하면 말소기준권리가 되는 겁니다. 전세권이라는 권리 자체가 소멸되기 때문에 입찰자 입장에서는 신경 쓸 필요가 없습니다. 일부만 배당 받아도 소멸이에요. (예, 전세권 1억에 낙찰 5천만, 이런 경우에 나머지 5천만 못 받아도 소멸)

　선순위 전세권이 배당요구를 안 하면, 그건 그대로 낙찰자 인수가 됩니다. 말소기준권리가 아닌 거죠. 그리고 후순위 전세권이라면 논의 자체가 의미 없어요. '후순위'라는 말 속에 이미 말소기준권리가 따로 있다는 뜻이니까요.

선순위 전세권

배당요구 ⭕ ➡ 배당받고 소멸

배당요구 ❌ ➡ 배당없이 낙찰자인수

민사집행법 91조를 보면 지금 설명한 내용이 그대로 있습니다. 다시 한 번 강조하자면, 우리는 법을 배우고 있는 겁니다. 그런데 '법조문'을 보면 머리만 아플 뿐 이니까, 가능하면 쉽게 풀어서 설명하고 있는 겁니다. ㅎㅎ

굳이 궁금한 사람들은 민사집행법 제91조 제3항 제4항을 읽어 보세요. ^^

민사집행법

[시행 2017. 2. 4.] [법률 제13952호, 2016. 2. 3., 타법개정]

☐ **제91조(인수주의와 잉여주의의 선택 등)** ①압류채권자의 채권에 우선하는 채권에 관한 부동산의 부담을 매수인에게 인수하게 하거나, 매각대금으로 그 부담을 변제하는 데 부족하지 아니하다는 것이 인정된 경우가 아니면 그 부동산을 매각하지못한다.

②매각부동산 위의 모든 저당권은 매각으로 소멸된다.

③지상권 · 지역권 · 전세권 및 등기된 임차권은 저당권 · 압류채권 · 가압류채권에 대항할 수 없는 경우에는 매각으로 소멸된다.

④제3항의 경우 외의 지상권 · 지역권 · 전세권 및 등기된 임차권은 매수인이 인수한다. 다만, 그중 전세권의 경우에는 전세권자가 제88조에 따라 배당요구를 하면 매각으로 소멸된다.

⑤매수인은 유치권자(留置權者)에게 그 유치권(留置權)으로 담보하는 채권을 변제할 책임이 있다.

전세권 사례분석

후순위 전세권

말소기준권리 : 2006년 10월 2일 근저당

전세권 설정일 : 2014년 9월 19일 후순위 전세권–〉소멸

권리분석할 거 없죠. 낙찰자 부담 없이 입찰하면 되는 물건입니다.

선순위 전세권 / 배당요구

　선순위 전세권이면서 동시에 배당요구를 했어요. 그러면 말소기준권리가
되면서, 배당 받고 소멸입니다. 이게 무슨 의미인지 뒤에서 다시 한번 살펴
볼 겁니다.

선순위 전세권 / 배당요구 X

사례2와 비교해서 이 사건은 선순위 전세권이면서 배당요구를 안 했어요. 그러면 말소기준권리는 2014년 11월 28일자 압류가 됩니다. 압류 이하 말소. 전세권 1억 4천500만 원 낙찰자 인수입니다.

전세권 주의점(전세권자 입장)

이렇듯 전세권 자체는 권리분석이 어려운 건 아닙니다.

선순위/후순위 구분해서, 후순위 전세권이라면(낙찰자 입장에서) 신경 쓸 거 없고, 선순위 전세권이라면 배당요구 여부를 봐서 인수 또는 소멸을 분석하면 됩니다.

특히 배당요구를 안 했을 때, 어려울 게 없어요. 전세권 금액이 얼마인지 뻔히 보이니까요. 그 금액만큼만 빼고 입찰하면 되는 거죠. 이 부분이 임차인(즉, 임차권) 분석할 때와 다른 점입니다. 임차인 분석할 때, 배당요구를 안하면 그 임차인의 보증금을 (입찰자가) 알 수 없다고 했잖아요. 그래서 입찰할 때 각별히 주의를 하는 거고요. 근데, 전세권은 배당요구를 안 해도 (입찰자가) 그 금액을 알 수 있어요. 등기에 떡하니 적어 놨거든요.

입찰자 입장에서는 전세권이 어려울 게 없는데, 전세권자 입장에서 반드시 주의할 게 있습니다. 배당요구를 하면 비록 그 전세권 금액을 배당 받지 못하더라도 소멸입니다. 그게 선순위 전세권이든 후순위 전세권이든 상관 안 해요. 후순위 전세권이라면 당연히 소멸이라고 생각될 텐데, 뜻밖에 선순위 전세권은 배당을 다 못 받더라도 자동 소멸이에요.

> 예) 사례3 : 얼마에 낙찰이 돼 든, 전세권 금액 1억 4천500만 원은 낙찰자 인수
> 사례2 : 만에 하나 낙찰이 4천만 원이라면, 전세권자는 5천만 중에 4천만 받고 소멸

전세권은 임차권이 아닙니다.

전세권은 임대차보호법이 규정하는 임차인의 권리가 아니에요. 민법이 정의하는 물권이에요. 즉, 저당권 같은 거라고 보면 됩니다. 저당권이 배당

을 다 못 받았다 해서 나머지를 낙찰자가 인수했나요? 아니죠! 바로 그렇게 이해하면 됩니다. 전세권은 저당권과 사촌입니다. 임차권과는 이웃사촌일 뿐입니다.

만약 내가 선순위 전세권자인데, 경매에 넘어갔습니다. 그러면 차라리 배당요구를 안 하는 게 더 안전한 대처 방안입니다. 낙찰자 전액 인수니까요.

전세권 주의점(입찰자 입장)

딱 하나 입니다. 권리분석 제대로 하기

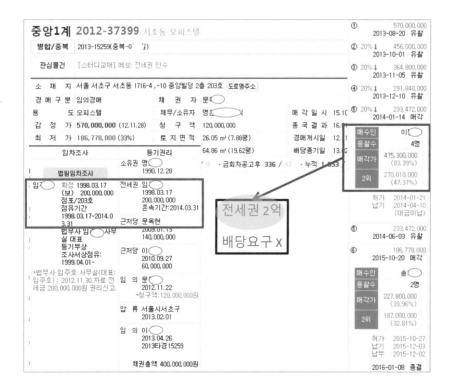

권리분석을 허투루 하면 위 사례처럼 됩니다.

선순위 전세권 2억, 배당요구 X -〉 인수

어려운 거 없죠?

결과를 볼까요.

2014년 1월 14일 낙찰이 됐는데, 최고가 입찰자 4억 7천만, 2등 2억 7천만입니다. 정확히 2억(전세권 금액만큼) 차이가 났어요. 낙찰자는 권리분석을 안하고 들어온 거예요. 2등은 인수금액(전세권 2억) 만큼 빼고 들어왔고요. 결국 최고가 낙찰자는 잔금을 미납하네요. 입찰 보증금 2천334만 원을 날렸어요.

전세권과 임차권을 둘 다 가지고 있는 경우

임차인이 전입(확정일자)을 갖추고, 동시에 전세권을 설정하는 경우도 있습니다. 이 경우에는 2가지 권리를 각각 가지고 있다고 보면 됩니다.

임대차보호법이 규정하는 임차인의 권리

민법이 정의하는 물권으로써의 전세권

이런 경우에 임차인이 어떤 권리로 배당요구를 했는지 살펴 볼 필요가 있습니다. 당연히 (전세권이든 임차권이든) 후순위 권리는 신경 쓸 필요 없고요. 선순위 권리에 대해서만 신경 쓰면 됩니다.

임차권자로서 배당요구

주택임대차보호법상 임차인으로서의 지위와 전세권자로서의 지위를 함께 가지고 있는 자가 그중 임차인으로서의 지위에 기하여 경매법원에 배당요구를 하였다면 배당요구를 하지 아니한 전세권에 관하여는 배당요구가 있는 것으로 볼 수 없다. (대법원 2010. 6. 24. 선고 2009다40790 판결)

임차인으로 배당요구하면 (선순위) 전세권은 아직 살아있다.

사건번호 : 중앙4계 2007-15036

[역삼동] 오피스텔	중앙4계 2007-15036(1)			
	경매4계(☎02-530-1816) 법원안내	⊕ 관심사건등록 ⊕ 화면인쇄 ⊕ 보고서인쇄		
소재지/감정서	면적(단위:㎡)	진행결과	임차관계/관리비	등기권리

(135-080)
서울 강남구 역삼동 735-11 신일유토빌 8층 818호 지도
토지이율
 	
▶ 건물구조
[구분건물]
 	
· 역삼역남서측인근
 	
· 업무시설,오피스텔,근린시설밀집
 	
· 버스정류장및강남역,역삼역인근
 	
· 중앙공급식난방
 	
· 서측8m,동측및북측4m도로접함
 	
· 도시지역,대공방어협조구역
 	
· 철근콘크리트조
· 철근콘크리트
 	
▶ 역세권정보
서울2호선 역삼역 321m
서울2호선 강남역 497m
	대지
	· 6.474/1875.1㎡ (1.96평)
	건물
	· 32.99㎡ (9.98평)
	(대상상:18.28평형,방1)
	
	총 11층 중 8층
	보존등기 2003.08.19
	
	토지감정 40,000,000
	평당가격 20,408,170
	
	건물감정 60,000,000
	평당가격 6,012,030
	
	감정기관 가나감정
		감정 100,000,000
		
		100%100,000,000
		낙찰 2007.08.16
		     112,600,000
		     (112.60%)
		이○
		응찰 4명
		허가
		
		▶ 종국결과
		배당 2007.10.11
			▶ 법원임차조사
			정○
			전입 2006.11.03
			확정 2006.07.04
			배당 2007.07.20
			전세권2006.07.04
			보증 8000만
			점유
			점유 06.7.4
			
			*총보증금:80,000,000
			임대수익률계산
			
			▶ 관할주민센터
			강남구 역삼1동
			☎ 0234238620
				* 집합건물등기
				소유권 원형토건
				이 전 2005.04.12
				     전소유자:
				     신일건설
				     매매(2005.03.31)
				
				전세권 정○
				     2006.07.04
				     80,000,000
				     존속기간:2007.07.03
				
				전 세 외환은행
				저 당 (청담역)
				     2006.07.04
				     65,000,000
				     (청형록 전세저당)
				
				저 당 신용보증기금
				     (남대문)
				     2006.09.05
				     210,000,000
				
				[말소기준권리]
				가압류 국민은행
				     (광화문기업금융)
				     2006.09.13
				     1,255,537,086

주택임대차보호법상 임차인으로서의 지위와 전세권자로서의 지위를 함께 가지고 있는 자가 그 중 임차인으로서의 지위에 기하여 경매법원에 배당요구를 하였다면 배당요구를 하지 아니한 전세권에 관하여는 배당요구가 있는 것으로 볼 수 없다
(대법원 2010. 6. 24. 선고 2009다40790 판결)

2009 다 40790 판결 사건 (중앙4계 07 타경 15036)

임차인 정○○은 임차권(2006. 11. 03 전입, 2006. 07. 04 확정)과 전세권(2006. 07. 04 설정)을 둘 다 가지고 있어요. 그 상태에서 경매가 넘어가고 배당요구를 합니다. 이때 배당요구를 임차인 자격으로 한 거예요. 전세권 자격은 그냥 가만있었고요.

헷갈리면, 동명이인이라고 생각하세요. 이해하기 쉬울 겁니다.

임차인 정○○은 배당요구를 했고, 전세권자 정○○은 배당요구를 안 한 거죠.

선순위 전세권이 배당요구를 안했으니, 말소기준권리는 2006. 09. 05 저당권(신용보증기금)이 되고, 임차인은 후순위가 되겠죠. 임차인은 배당을 못 받고 소멸합니다. 그러나 선순위 전세권은 등기상에 남게 되고(즉, 인수), 낙찰자는 전세권 금액 8천만을 물어주게 됩니다.

이 사건의 뒷이야기

이 사건 진행 당시(2007년) 법원 기록(매각물건명세서)에는 전세권을 인수해야 된다는 경고문이 없었어요. 그래서 낙찰자 입장에서는 전세권=말소

기준권리라고 생각하고 입찰을 들어갔죠. 근데, 결론은 낙찰자 인수, 낙찰자는 전세권 8천만을 물어주고, 대신 국가(법원)를 상대로 손해배상청구소송을 냈습니다. 물건명세서에 내용이 제대로 되어 있지 않았다는 점을 지적한 건데, 다행히(?) 승소한 겁니다. 위 대법 판결(09 다 40790)이 국가는 낙찰자를 상대로 손해를 배상하라는 내용이에요.

그 후로 법원 경매계에서도 물건명세서를 좀더 꼼꼼하게 작성하기 시작합니다. 특히 임차권과 전세권을 둘 다 가진 임차인이 있을 때는 요.

사건 예) 광주 20-5431

매각물건명세서를 꼼꼼히 들여다보면 배당요구를 무슨 자격(임차인 vs 전세권)으로 했는지 파악할 수 있습니다.

광 주 지 방 법 원

2020타경5431

매각물건명세서

사 건	2020타경5431 부동산강제경매		매각물건번호	3	작성일자	2020.08.13	담임법관(사법보좌관)	하순원	
부동산 및 감정평가액 최저매각가격의 표시	별지기재와 같음		최선순위 설정		2017.10.26. 압류		배당요구종기	2020.07.23	

부동산의 점유자와 점유의 권원, 점유할 수 있는 기간, 차임 또는 보증금에 관한 관계인의 진술 및 임차인이 있는 경우 배당요구 여부와 그 일자, 전입신고일자 또는 사업자등록신청일자와 확정일자의 유무와 그 일자

점유자성명	점유부분	정보출처구분	점유의권원	임대차기간(점유기간)	보증금	차임	전입신고일자, 사업자등록신청일자	확정일자	배당요구여부(배당요구일자)
이○○	전부	등기사항전부증명서	주거전세권자	2016.10.11.~2020.10.10.	43,000,000				→
	전부	현황조사	주거임차인	2016.10~현재	43,000,000		2016.10.12		
	전부	권리신고	주거임차인	2016.10.11.~2020.10.10.	43,000,000		2016.10.12.	2016.10.12.	2020.05.22

〈비고〉
이○○임차인겸전세권자로서 전세권설정등기일은 2016.10.14.임

임차인 배당요구 날짜 : 2020년 5월 22일

전세권 배당요구 날짜 : 비어있음

②전세권 배당요구 시 선순위 임차인의 대항력은?

최선순위 전세권자로서 배당요구를 하여 전세권이 매각으로 소멸되었다 하더라도 변제받지 못한 나머지 보증금에 기하여 대항력을 행사할 수 있고, 그 범위 내에서 임차주택의 매수인은 임대인의 지위를 승계한 것으로 보아야 한다. (대법원 2010. 7. 26. 자 2010마900 결정)

전세권 배당요구로 소멸되는 것과 별개로 선순위 임차인은 살아 있다.

| [구서동] 오피스텔 | 부산15계 2008-41054(1) 경매15계(☎051-590-1835) 법원안내 | | 관심사건등록 화면인쇄 보고서인쇄 |

소재지/감정서	면적(단위:㎡)	진행결과	임차관계/관리비	등기권리
(609-310) 부산 금정구 구서동 87-16 천양스카이빌 2층 202호 지도 토지이용		감정 53,000,000	▶법원임차조사	*집합건물등기
		100%53,000,000 유찰 2009.03.03	황○○	전세권 황○○
▶건물구조 [구분건물]	대지 · 12/703.4㎡ (3.63평) 건물	80% 42,400,000 유찰 2009.04.07	전입 2007.09.18 확정 2007.09.14 배당 2008.10.30	2007.09.14 50,000,000
· 구서동역서측인근	· 35.72㎡ (10.81평) (대장상:50.54㎡)	64% 33,920,000 유찰 2009.05.12	보증 5000만 점유 -	-존속기간:2009.09.13 [말소기준권리]
· 중,소규모공동주택및단독주택, 각종근린시설등혼재	총 10층 중 2층 보존등기 2004.03.18	51% 27,136,000 낙찰 2009.06.16	(점유 : 2007.9.14.-)	압 류 부산시금정구 2007.12.10
· 차량접근가능	대지감정 21,200,000	31,220,000 (58.91%)	*총보증금:50,000,000 임대수익률계산	가압류 신용보증기금 (동래)
· 인근시내버스정류장및구서동 역소재	평당가격 5,840,230	김○○ 응찰 1명		2007.12.11 274,054,888
· 대중교통사정무난	건물감정 31,800,000 평당가격 2,941,730	허가 2009.06.23	▶관할주민센터 금정구 구서제1동 ☎ 051-519-5400	압 류 부산시 2008.03.04
· 부정형토지	감정기관 대화감정	납부 2009.07.09		강 제 신용보증기금 2008.10.13
· 남동하향경사평탄지		▶종국결과		청구액 324,408,147원
· 서측폭6m포장도로접함		배당 2009.08.25		

2010 마 900 판례 사건 (부산15계 08 타경 41054)

말소기준권리 : 2007. 09. 14 전세권 황OO

임차인 전입 : 2007. 09. 18 -〉 말소기준권리(전세권) 날짜보다 늦어요.

낙찰가 3천만 원

　　우리가 배운 대로 권리분석을 하면 임차인은 후순위로서 대항력이 없습니다. 보증금 5천만 원 중 2천만 원을 손해 본 채로, 집을 비워줘야 하는 안타까운 상황인거죠. 그런데 다행히 법원판결(2010 마 900)로 대항력을 인정받았습니다.

　　판결의 요지는 "여전히 임차인의 대항력은 있다"이고요. 이유는 임차권이고 전세권이고 둘 다 임차인의 권리를 지키기 위해 있는 것인데, 내 권리를 지키기 위한 전세권으로 인해 또 다른 내 권리인 임차권이 희생(소멸)되는 건 합리적이지 않다는 겁니다.

만약 이때, 임차인의 전입일이 압류날짜(2007. 12. 10)보다 늦었으면, 변명의 여지가 없는 후순위 임차인이라 대항력이 없는 게 당연했을 거예요. 바로 이게 핵심입니다. 임차인이 전입할 때 전세권 외에는 아무것도 없었다는 점입니다. 그 전세권자가 임차인과 동일인이라는 점이 중요해요.

가등기(소유권이전청구권 가등기)

가등기도 전세권과 마찬가지로 말소기준권리가 될 수도 있고, 안 될 수도 있습니다. 규칙도 동일해요. 배당요구를 했느냐 안했느냐, 배당요구를 하면, 배당을 받고 소멸, 안하면 낙찰자 인수입니다.

앞에서 배운 전세권과 같아요.

－배당요구

즉, 선순위 가등기로써 배당요구를 하면 말소기준권리가 되는 겁니다. 가등기라는 권리 자체가 소멸되기 때문에 입찰자 입장에서는 신경 쓸 필요가 없습니다. 일부만 배당 받아도 소멸이에요. (예, 가등기 권리 1억에 낙찰 5천만, 이런 경우에 나머지 5천만 못 받아도 소멸)

선순위 가등기가 배당요구를 안하면, 그건 그대로 낙찰자 인수가 됩니다. 말소기준권리가 아닌 거죠. 근데 문제가 있어요. 배당요구를 안하면 가등기는 권리가액이 얼마인지 알 수가 없어요. 이 점이 전세권과 차이점입니다. 인수금액이 얼마인지 알 수가 없기 때문에 입찰이 불가합니다.

게다가 가등기는 인수금액을 떠나서 나중에 낙찰자가 소유권을 잃을 수도 있어요. 가등기의 명칭이 뭐였죠? 바로 "소유권이전청구권" 가등기입니다. 소유권을 넘겨 달라는 청구를 할 수 있는 권리죠. 뭔가 소유권에 대한 분쟁이 있다는 뜻이잖아요. 만에 하나 소송에 들어가서 소유권 이전 소송이 승소하면, 소유권이 달랑 바뀌어 버리는 거죠. 낙찰자는 '닭 쫓던 개 꼴'이 되는 셈입니다.

정리하자면….

전세권 : 배당요구 여부와 상관없이 입찰 가능

가등기 : 배당요구 안하면 입찰 불가

지금까지의 설명은 두 말할 나위 없이 선순위 가등기일 때 얘기입니다. 후순위 가등기는 자동 소멸이니까 신경 쓸 필요 없습니다.

카페에 종종 질문이 올라와요. 가등기 위험한 거 아니냐고….

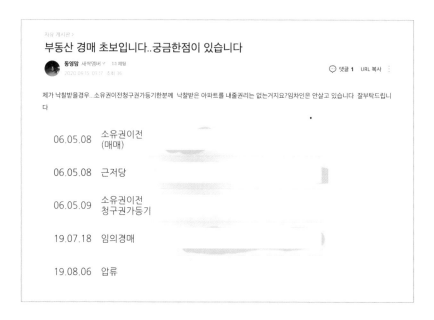

등기에 뜬 이름 자체가 무시무시해서 걱정이 되는 모양입니다. 충분히 이해가 돼요. 소유권이전청구권 가등기라는 이름 자체가 낯설고, 무섭게 생겼잖아요. 후순위 가등기는 걱정할 필요할 없습니다. 말소기준권리(근저당)와 함께 소멸되는 권리니까요.

강제경매기입등기

마지막 5번째 말소기준권리입니다.

－강제경매등기

등기상에 근저당이나 가압류 또는 전세권, 가등기와 같은 말소기준권리가 없이 곧바로 경매가 뜨는 경우가 있어요. 이때 경매는 100% 강제경매입니다. 임의경매는 말소기준권리 없이 나올 리가 없거든요. 임의경매라는 얘기는 이미 등기상에 권리(근저당, 전세권, 가등기 등)가 있다는 뜻이에요. 등기상에 아무런 권리 없이 곧바로 경매가 뜨면, 그때는 경매등기 자체가 말소기준권리가 됩니다.

[화곡동] 다세대	남부6계 **2017-101062(1)** 경매6계(☎02-2192-1336) 법원안내	관심사건등록 화면인쇄 보고서인쇄

대표소재지	[목록1] 서울 강서구 화곡동 56-410 화성빌라 ◯◯호 [초록마을로22길 37]				
대표용도	다세대	채권자	오◯◯ 강제경매		
기타용도	-	소유자	강◯◯	신청일	2017.03.14
감정평가액	171,000,000원	채무자	강◯◯	개시결정일	2017.03.15
최저경매가	(64%) 109,440,000원	경매대상	건물전부, 토지전부	감정기일	2017.03.27

소재지/감정서	면적(단위:㎡)	진행결과	임차관계/관리비	등기권리
(07724) [목록1] 서울 강서구 화곡동 56-410 화성빌◯◯호 [초록마을로22길 37] 지도 등기 토지이용 [구분건물] • 본건은 서울특별시 강서구 화곡동 소재 서울화일초등학교 남동측 인근에 위치하며, 부근은 다세대주택, 단독주택, 근린생활시설, 학교 등이 혼재하는 지역으로서 주위환경은 보통임. • 본건까지 제반 차량 출입이 가능하고 인근에 버스정류장이 소재하며	대지 • 179㎡중 20.6/179 ⇒20.6㎡ (6.23평) 건물 • 45.09㎡ (13.64평) 총 4층 중 1층 보존등기 2002.02.21 토지감정 85,500,000 평당가격 13,723,920	감정 171,000,000 100% 171,000,000 유찰 2017.08.16 80% 136,800,000 변경 2017.09.20 80% 136,800,000 유찰 2018.01.23 64% 109,440,000 낙찰 2018.02.27 125,888,890 (73.62%)	▶ 법원임차조사 **박◯◯** 전입 2017.03.21 확정 2017.03.27 배당 2017.06.09 보증 1억1000만 점유 전부주거 (점유: 2017.03.18~2019.03.17.) *총보증금:110,000,000 임대수익률계산 ▶ 전입세대 직접열람 GO	*집합건물등기 소유권 강◯◯ 이 전 2016.05.13 158,000,000 전소유자: 채희현 매매(2016.03.08) 강제 오◯◯ 2017.03.15 (2017타경101062) [말소기준권리] 청구액 6,000,000원

2017년 3월 15일자 강제경매 : 말소기준권리

2017년 3월 21일 전입 임차인 박OO : 후순위 임차인

법원 입찰 방법

여기까지 배우다보면, 이제 슬슬 법원에 입찰을 해보고 싶을 겁니다. 법원은 관할구역이 있어요. 관할구역에 나오는 경매 사건을 그 해당 관할법원에서 진행을 합니다. 예를 들어, 강남에 아파트는 중앙법원, 노원구 아파트는 북부법원에서 진행하는 식입니다.

서울에는 총 5개의 지방법원이 있어요.
중앙, 동, 서, 남, 북입니다.
각각의 관할 구역은 다음과 같습니다.

전국 법원 일람표

■ 서울	중앙	동부	서부	남부	북부	
■ 경기북부	의정부	고양				
■ 경기남부	수원	성남	여주	평택	안산	안양
■ 인천	인천	부천				
■ 경북	대구	경주	김천	상주	의성	영덕
	안동	포항	서대구			
■ 경남	울산	창원	통영	거창	밀양	진주
	마산					
■ 부산	부산	동부산	서부산			
■ 강원	춘천	원주	강릉	속초	영월	
■ 충북	청주	충주	제천	영동		
■ 충남	대전	천안	공주	서산	홍성	논산
■ 전북	전주	남원	군산	정읍		
■ 전남	광주	목포	순천	해남	장흥	
■ 제주	제주					

(출처 : 태인경매)

준비물 : 신분증, 입찰보증금, 도장

✓법원 갈 때 꼭 챙겨야 할 것

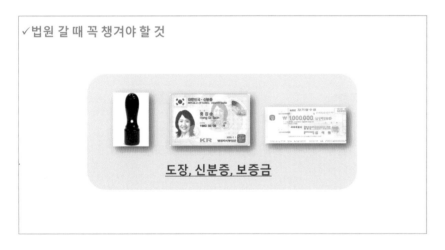

도장, 신분증, 보증금

혹시 도장이 없으면, 지장을 찍어도 됩니다. 사인은 안 돼요.

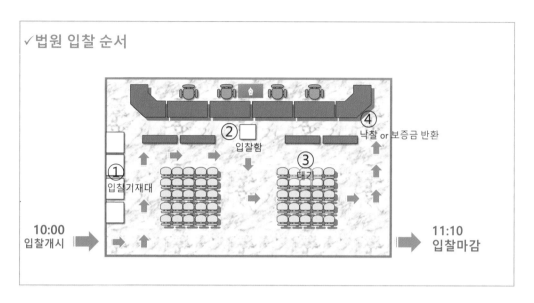

입찰 마감 시간 전까지 입찰함에 입찰봉투를 넣어야 합니다. 마감 시간 넘으면 입찰을 못 해요. 개찰은 당일에 바로 개찰합니다. 자리를 뜨면 안 돼요. 법정 방청석에서 본인 순서가 돌아올 때까지 기다렸다가, 결과를 보고 가는 겁니다.

입찰해 놓고, 집(또는 회사)가면 안 되냐는 질문이 카페에 가끔 올라옵니다. 개찰할 때 당사자(특히 낙찰자)가 법정에 없으면, 진행요원(주로 집행관)이 전화해서 오라고 합니다. 그리고 그 사건 순서는 맨 뒤로 밀리죠. 다른 사건을 처리해야 하니까요. 당사자가 낙찰자가 아니라면 큰 문제가 없는데, 낙찰자라면 문제가 심각해집니다. 현장에 없으면, 낙찰자로 인정을 못 받을 수도 있거든요. 현장에 없는 사람을 낙찰자로 인정해 주면, 다른 입찰자들이 이의 제기할 확률이 높습니다. 아니 100%입니다. 나라도 그럴 테니까요. 그럼 결과는? 글쎄요. 그건 저도 모르겠네요. 아직까지 그런 경우를 보지는 못 했거든요. 한번 용기 있는 분이 해보고, 선례를 남겨 주는 건 어떨까요? ㅎㅎ (농담입니다. 절대 시도하지 마세요.)

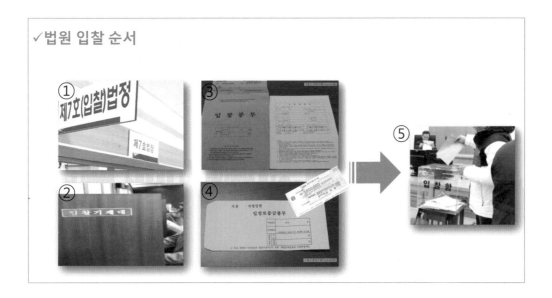

✓법원 입찰 순서

✓**입찰표 작성**

기 일 입 찰 표

서울북부지방법원 집행관 귀하							년 월 일	
사 건 번 호	2014	타 정	12345	호	물 건 번 호		※물건번호가 여러개 있는 경우에는 꼭 기재	

입찰자

본인
성 명	홍길동		전화번호	010-123-4567
주민(사업자) 등록번호	801234-1567890	법인등록 번 호		
주 소	서울시 서초구 서초동			

대리인
성 명	㊞		본인과의 관 계	
주민등록 번 호			전화번호	—
주 소				

입찰 가격	천억	백억	십억	억	천만	백만	십만	만	천	백	십	일	원
				3	3	6	3	6	0	0	0	0	

보증 금액	백억	십억	억	천만	백만	십만	만	천	백	십	일	원
					3	2	0	0	0	0	0	

보증의 제공방법	☑ 현금·자기앞수표 □ 보증서	수정불가	보증을 반환 받았습니다. 본인 또는 대리인	홍길동 ㊞

주의사항.
1. 입찰표는 물건마다 별도의 용지를 사용하십시오. 다만, 일괄입찰시에는 1매의 용지를 사용하십시오.
2. 한 사건에서 입찰물건이 여러 개 있고 그 물건들이 개별적으로 입찰에 부쳐진 경우에는 사건번호외에 물건번호를 기재하십시오.
3. 입찰자가 법인인 경우에는 본인의 성명란에 법인의 명칭과 대표자의 지위 및 성명을, 주민등록란에는 입찰자가 개인인 경우에는 주민등록번호를, 법인인 경우에는 사업자등록번호를 기재하고, 대표자의 자격을 증명하는 서면(법인의 등기부 등·초본)을 제출하여야 합니다.
4. 주소는 주민등록상의 주소를, 법인은 등기부상의 본점소재지를 기재하시고, 신분확인상 필요하오니 주민등록증을 꼭 지참하십시오.
5. 입찰가격은 수정할 수 없으므로, 수정을 요하는 때에는 새 용지를 사용하십시오.
6. 대리인이 입찰하는 때에는 입찰자란에 본인과 대리인의 인적사항 및 본인과의 관계 등을 모두 기재하는 외에 본인의 위임장(입찰표 뒷면을 사용)과 인감증명을 제출하십시오.
7. 위임장, 인감증명 및 자격증명서는 이 입찰표에 첨부하십시오.
8. 일단 제출된 입찰표는 취소, 변경이나 교환이 불가능합니다.
9. 공동으로 입찰하는 경우에는 공동입찰신고서를 입찰표와 함께 제출하되, 입찰표의 본인란에는 "별첨 공동입찰자목록 기재와 같음"이라고 기재한 다음, 입찰표와 공동입찰신고서 사이에는 공동입찰자 전원이 간인하십시오.
10. 입찰자 본인 또는 대리인 누구나 입찰보증금을 반환받을 수 있습니다.
11. 보증의 제공방법(현금·자기앞수표 또는 보증서)중 하나를 선택하여 ☑표를 기재하십시오.

입찰표 작성은 별로 어려운 건 없으나, 딱 하나만 주의하면 됩니다. 입찰 가격을 한번 적으면, 절대 수정(가필, 삭제, 변경)해서는 안 됩니다. 만약, 입찰가격을 수정해야 한다면, 반드시 새 입찰 용지에 다시 쓰시는 게 낫습 니다.

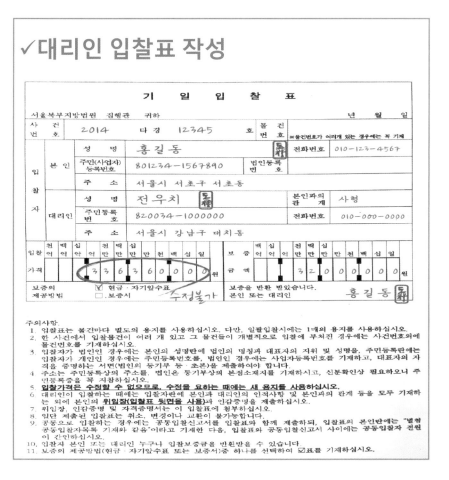

내가(본인이) 직접 입찰가기 어려울 때는 누군가를 대신 보낼 수 있습니 다. 대리인 입찰입니다. 나(본인) 대신 대리인이 입찰갈 때는 나(본인)의 인 감증명서를 첨부 하고, 위임장을 작성하면 됩니다. 입찰 용지 뒷면에 위임 장이 있거든요. 그래서 보통은 대리인이 본인의 인감도장과 인감증명서를 지참하고 법원에 갑니다. 대리인이 입찰서와 위임장을 동시에 작성하는 거 죠.

초보자는 대리인으로 안 쓰는 게 좋습니다. 이것저것 써야 할 게 많다 보 니까 실수하기 딱 좋아요.

✓대리인 위임장 제출

위　임　장

대리인	성　　명	전우치	직　업	도사
	주민등록번호	820034-1000000	전화번호	010-000-0000
	주　　소	서울시 강남구 대치동		

위 사람을 대리인으로 정하고 다음 사항을 위임함.

다　　음

서울북부지방법원　　　　　타경　　　　　　　　호 부동산

경매사건에 관한입찰 행위 일체

본인 1	성　　명	홍길동 (홍길)	직　업	자영업
	주민등록번호	801234-1567890	전 화 번 호	010-123-4567
	주　　소	서울시 서초구 서초동		
본인 2	성　　명	- (인감인)	직　업	
	주민등록번호	-	전 화 번 호	
	주　　소			
본인 3	성　　명	(인감인)	직　업	
	주민등록번호	-	전 화 번 호	
	주　　소			

* 본인의 인감 증명서 첨부
* 본인이 법인인 경우에는 주민등록번호란에 사업자등록번호를 기재

서울북부지방법원　　　　　귀중

제 **7** 장

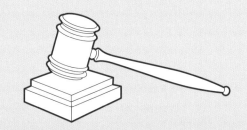

땅
(대지권, 토지별도등기)

대지권 미등기

✓대지권 미등기

| 소재지/감정서 | 면적(단위:㎡) | 진행결과 | 임차관계/관리비 | 등기권리 |

[돈암동] 아파트

중앙2계 **2005-20232(1)**

경매2계(☎02-530-1814) 법원안내   ⊕ 관심사건등록   ⊜ 화면인쇄   ⊜ 보고서인쇄

소재지/감정서	면적(단위:㎡)	진행결과	임차관계/관리비	등기권리
(136-060) 서울 성북구 돈암동 609-1 한신 102동 11층 1105호 지도 토지이용		감정 280,000,000 100%280,000,000 유찰 2006.03.02	▶법원임차조사 주〇 전입 2000.05.08 확정 2005.08.09 배당 2005.08.22 보증 15억 점유 -	•건물등기 소유권 (주)파래 이 전 2000.05.10
▶건물구조 [구분건물] • 15개동 1795세대 • 상선중학교북동측인근 • 단독및공동주택등혼재 • 버스정류장및한성대입구역인근 • 도시가스중앙난방 • 3종일반주거지역, 재개발구역 • 철근콘크리트벽돌조 • 슬래브(평)	대지권미등기 건물 • 84.87㎡ (25.67평,33평형) (방3) 총 20층 중 11층 보존등기 1999.07.27 대지감정 84,000,000 건물감정 196,000,000 평당가격 7,635,380 감정기관 명문감정	80% 224,000,000 낙찰 2006.04.06 245,990,000 (87.85%) 이〇 응찰 3명 허가 ▶종국결과 배당 2006.06.21	•총보증금:1,500,000,000 임대수익율계산 ▶관할주민센터 성북구 돈암제2동 ☎ 02-2241-5168	가압류 주〇 2003.08.11 130,000,000 [말소기준권리] 가압류 지〇 2003.08.12 80,000,000 가압류 이〇 2003.08.29 90,000,000 가압류 박〇 2003.11.15 150,000,000

(자료 출처 : 태인경매)

말 뜻 그대로 이해하면 됩니다. 대지권이 등기되지 않았습니다. [대지권 미등기(未登記)]

(TMI : 법 공부할 때, 한자를 알면 많은 부분이 해소된답니다.)

아파트나 빌라 같은 집합건물의 등기를 떼어보면, 대지권이란 항목이 (거의 다) 있습니다. 전체 토지(대지) 분의 해당 물건의 토지(대지) 비율을 나타낸 건데 이런 식이죠.

✓대지권의 표시

【 표　　제　　부 】		（ 전유부분의 건물의 표시 ）	
표시번호	접　수	건물번호	건물 내역	등기원인 및 기타사항

표시번호	접　수	건물번호	건물 내역	등기원인 및 기타사항
1	2005년8월25일	제9층 제903호	철근콘크리트구조 84.5133㎡	도면편철장 제2책 28장

（ 대지권의 표시 ）		
표시번호	대지권종류	대지권비율	등기원인 및 기타사항

표시번호	대지권종류	대지권비율	등기원인 및 기타사항
1	1 소유권대지권	9647.6분의 42.65	2005년6월28일 대지권 2006년5월2일
2			별도등기 있음 1토지(을구 50번 근저당권설정등기) 2006년5월3일
3			2번 별도등기 말소 2006년5월25일

【 갑　　　구 】		（ 소유권에 관한 사항 ）		
순위번호	등 기 목 적	접　　　수	등 기 원 인	권 리 자 및 기 타 사 항
1	소유권보존	2006년5월2일 제14944호		소유자 김●●●●●●●● 서울 노원구 월계동 9●●●●●●●아트 101-903
2	소유권이전	2006년6월1일 제29096호	2006년4월12일 매매	소유자 유●●●●●●●● 서울 노원구 월계동 5●●●●●●●아트 101-903 거래가액 금259,500,000원
3	가압류	2012년6월13일 제50164호	2012년6월13일 서울북부지방법원의 가압류 결정(2012카단378	청구금액 금10,629,308 원 채권자 롯데카드 주식회사 서울 중구 남창동 51-1

[표제부]

[대지권의 표시]

[갑구]

이런 식으로 구성되는게 일반적인 등기 형식인데, 대지권에 대항 설명 없이, 곧바로 '표제부 다음에 갑구가 오는 등기를 대지권이 등기되지 않은 채로 떴다' 해서 "대지권 미등기"라고 부릅니다.

[표제부]
[갑구]

✓대지권 미등기

【 표　　　제　　　부 】	(전유부분의 건물의 표시)		
표시번호	접 수	건물번호	건 물 내 역	등기원인 및 기타사항
1	2005년8월25일	제9층 제903호	철근콘크리트구조 84.5133㎡	도면편철장 제2책 28장

【 갑　　　구 】	(소유권에 관한 사항)		
순위번호	등 기 목 적	접　　　수	등 기 원 인	권 리 자 및 기 타 사 항
1	소유권보존	2006년5월2일 제14944호		소유자 김⬭⬭⬭ ****** 서울 노원구 월계동 9⬭⬭⬭⬭트 101-903
2	소유권이전	2006년6월1일 제29096호	2006년4월12일 매매	소유자 유⬭⬭⬭ ****** 서울 노원구 월계동 9⬭⬭⬭⬭트 101-903 거래가액 금259,500,000원
3	가압류	2012년6월13일 제50164호	2012년6월13일 서울북부지방법원의 가압류결정(2012카단378	청구금액 금10,623,308 원 채권자 롯데카드 주식회사 서울 중구 남창동 51-1

　　그냥 봐서는 이상한 점을 못 느낍니다. 뭔가 있으면 눈에 띌 텐데, 없으
니까 그냥 눈에 안 보이는 거죠.

　　대지권 미등기는 정확히 말하면, 대지권이 등기되지 않아 대지권이 있는
지 없는지 모른다. 대지권 여부를 모른 채로 경매에 나왔다는 뜻입니다. 대
지권이 없다는 뜻은 아니에요.

대지권이란

뜻을 그대로 해석하면 대지(땅)에 대한 권리를 뜻합니다. 땅에 대한 권리
가 있습니다. 누가? 아파트가….

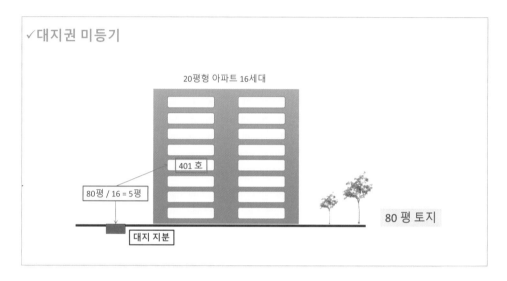

80평 땅에 16세대 아파트가 있다고 가정해 보겠습니다. 그러면 각각의
세대는 땅에 대해 1/16(5평)만큼 지분(권리)이 있는 거예요. 그걸 대지권이
라고 합니다.

근데, 대지권 미등기는 그 아파트 특정 세대가 대지에 대한 권리(지분)가
있는지 없는지 그 기록 자체가 없다는 얘기에요. 즉, 대지권이 있긴 한데,
단순 등기 누락(즉, 착오)인지, 아니면 진짜로 아예 대지권이 없다는 것인지
는 모르는 겁니다.

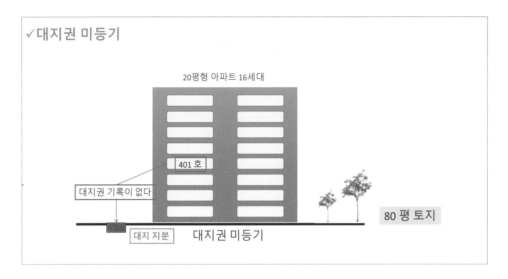

단순 누락

단순 누락인 경우는 대지권이 있다는 얘기니까, 낙찰 받을 때, 대지권도 같이 넘어오는 겁니다. 고로 낙찰 후에 대지권 등기만 따로 한 번 더 해주면 됩니다. 그냥 일반적인 물건이나 같다는 얘기에요.

대지권 없는 경우

아예 대지권 없이 건물만 경매로 나온 경우도 있어요. 이런 경우는 건물만 낙찰 받게 되고, 대지는 여전히 타인 소유입니다. 이런 경우는 법정지상권 문제로 이어집니다. 법정 지상권 성립 여부에 따라서 건물 낙찰자의 입지가 달라지거든요.

법정 지상권이 성립하면 건물 소유자가 땅 소유자에 대해 비싸게 굴 수 있으나, 법정 지상권이 성립하지 않으면, 건물 낙찰 후 대지권을 추가로 (비싸게) 구입하거나, 땅 주인에게 건물을 (헐값에) 팔거나 또는 건물이 철거당할 수도 있어요. 법정 지상권 얘기는 본 교재의 범위를 벗어나는 주제라… 더 이상의 자세한 설명을 생략합니다.

우리가 주로 상대하는 대지권 미등기 물건은 단순 누락인 경우에요.

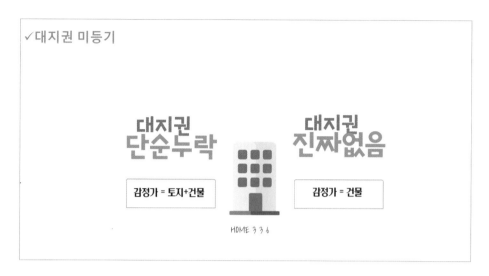

경매 나온 물건의 감정가를 분석해 보면, 구분할 수 있어요. 감정가에 토지와 건물 양쪽에 대해 다 감정을 해놓았으면, 대지권이 있는 (즉, 단순 누락)물건입니다. 감정가에 건물만 감정해 놓았으면, 대지권이 없다는 뜻이고요.

직접 사례를 보면서 그 차이를 구분해 보겠습니다.

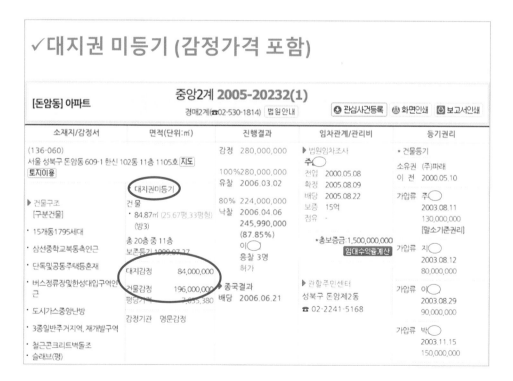

돈암동 한신아파트의 경우 단순 누락인 경우로, 낙찰 받고 대지권 등기
를 올리는 것으로 별 탈 없이 소유권 이전을 마쳤습니다.

✓대지권 미등기 (대지권없음)

중앙2계 2007-14118[2] 상세정보

경매구분 임의(기일)	채권자 뉴스테이트캐피	낙찰일시 08.11.20 (종결)
용도 다세대	채무/소유자 세광제지/송명호	낙찰가격 25,000,000
감정가 30,000,000	청구액 50,000,000	경매개시일 07.05.14
최저가 24,000,000 (80%)	토지총면적 0 ㎡ (0평)	배당종기일 07.08.06
입찰보증금 20% (4,800,000)	건물총면적 35,06 ㎡ (10.61평)	조회수 금일1 공고후326 누적663

주의사항
· 재매각물건 · 대지권미등기
· 1.대지권 없음2.이 사건 부동산에 대하여 건물철거하라는 판결이 서울중앙지방법원 2002가단338250호로
2004.7.15. 선고되고 2006.10.26.확정되었음.

■ 물건사진 3
■ 지번·위치 3
■ 구조도 0
■ 위성지도

우편번호및주소/감정서	물건번호/면적 (㎡)	감정가/최저가/과정	임차조사	등기권리

136-100
서울 성북구 정릉동
508-75 현대스카이빌라
다동 3층 2호
 	
●감정평가서정리
- 벽돌조평슬래브지붕
- 홍익사대부속고교북
  동측인근
- 채권자의근저당설정
  당시인96년11월26일
  대지권등기가되어있
  었으나대지권의
  목적인토지에91년12
  월20일기설정되어
  있던근저당권의실행
  으로인하여(서울
  지방법원97타경
  43162),본건대한
  대지권이소멸된것으
  로변경등기됨
- 주위다세대,단독주택
  등혼재
- 차량진출입용이,대중
  교통사정보통
- 인근시내버스(정)소
	물건번호: 2 번
	(총물건수 2건)
	
	2)대지권미등기
	건물 35,06
	  (10.61평)
	  (11.67평형)
	방2
	3층-96,11,26보존
		감정가 30,000,000
		
		최저가 24,000,000
		              (80.0%)
		
		●경매진행과정
		       30,000,000
		유찰 2008-05-29
		
		20%↓ 24,000,000
		낙찰 2008-07-03
		      27,099,900
		      (90.3%)
		
		허가 2008-07-10
		
		0% 24,000,000
		낙찰 2008-09-11
		      30,000,000
		      (100%)
		- 응찰 : 1명
		- 낙찰자:안태희
		
		허가 2008-09-18
		
		0% 24,000,000
		낙찰 2008-11-20
		      25,000,000
			●법원임차조사
			황정오 전입 1998,04,28
			      확정 1998,11,15
			      배당 2007,08,06
			      (보) 40,000,000
			      302호
			      점유 1995,10,23~
			
			여운성 전입
			      (보) 40,000,000
			      전세권자
			
			*황정오는 황래연의 부친
			으로 황래연의 처 진술에
			의하면 임차보증금은 시
			부인 황정오가 전부내고
			함께 살고 있다고 함.임차
			인 장현숙의 남편 조덕원
			은 임대인 이름을 잘 모른
			다고 함.
			
			●지지옥션세대조사
			전입 1998,04,28 황정오
			  302호
			동사무소확인:08,05,28
				소유권 송명호
				  1996,11,26
				저당권 동서할부금융
				  1997,01,28
				  50,000,000
				전세권 여운성
				  1997,06,11
				  40,000,000
				존속기
				  간:1999,06,10
				가압류 (주)팬텀
				  1997,11,14
				  42,724,000
				가등기 최준섭
				  1998,01,13
				  소유이전청구가등
				가압류 이근택
				  1998,06,27
				  90,000,000
				저당권 이근택
				  1999,03,11
				  130,000,000
				가압류 서울보증보험
				  동대문
				  1999,04,23
				  20,889,910

얼핏 봐도 무시무시한 경고문이 적혀있죠. 건물 철거 소송 중입니다. 건물 철거 판결이 떨어졌습니다. 요샛말로 '후덜덜'합니다. 이런 경우는 토지 소유자가 입찰하는 것 외에는 별다른 방도가 없습니다.

권리분석 예외 한 가지

건물철거 가처분의 경우 후순위라 하더라도 소멸되지 않고 인수입니다. 건물 철거 소송이 진행 중이라는 뜻이거든요. 나중에 소송 결과에 따라서는 건물이 철거될 수도 있어요. 낙찰 받았는데, 갑자기 철거 통지문이 날아오고, 집 앞에 불도저가 와서 집을 밀어 버린다면 얼마나 황당할까요.

비슷한 사례로 '예고등기'도 있습니다. 향후 일어날 등기(주로 소유권 변경) 사항을 미리 예고를 하는 거예요. 이런 경우도 낙찰 받았는데, 갑자기 '예고등기'에 기해서 등기(소유권 이전) 처리가 되면서 소유권을 잃을 수도 있어요.

결론 : 건물철거 가처분이나 예고등기가 있으면, 소송 당사자가 아닌 한 그냥 패스하는 겁니다.

주의 : 미분양 아파트

✓대지권 미등기

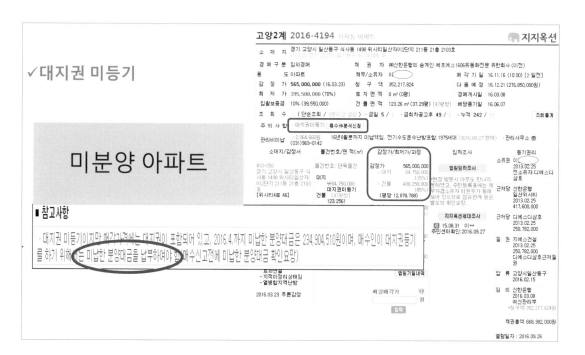

✓대지권 미등기

미분양 아파트

2016년경에 일산 식사동에 미분양 아파트가 대량으로 경매에 나온 적이 있었습니다. 다들 대지권 미등기 상태였는데, 감정가에는 대지 가격이 포함되어 있었죠. 흔히 생각하는 대지권 단순 누락 상태라 별생각 없이 입찰하는 투자자들이 종종 있었는데, 문제는 이게 미분양 아파트였던 겁니다. 분양 대금이 미납된 상태로 경매에 나온 물건이라, 대지권 가격을 추가로 인수해야 했던 물건이었죠. 이런 식으로 미분양 아파트의 경우에는 대지권 포함 가격이라 하더라도 주의해야 합니다.

토지별도등기

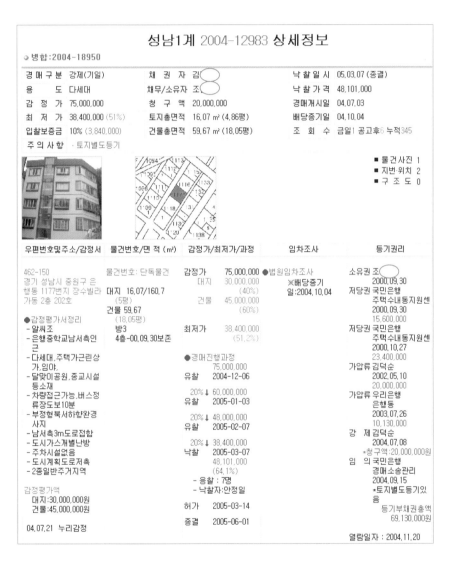

성남1계 2004-12983 상세정보

◦ 병합 : 2004-18950

경매구분　강제(기일)	채권자　김◯	낙찰일시　05.03.07 (종결)
용　도　다세대	채무/소유자　조◯	낙찰가격　48,101,000
감정가　75,000,000	청구액　20,000,000	경매개시일　04.07.03
최저가　38,400,000 (51%)	토지총면적　16.07 ㎡ (4.86평)	배당종기일　04.10.04
입찰보증금　10% (3,840,000)	건물총면적　59.67 ㎡ (18.05평)	조회수　금일1 공고후6 누적345
주의사항　· 토지별도등기		

■ 물건사진 1
■ 지번·위치 2
■ 구조도 0

우편번호및주소/감정서	물건번호/면 적 (㎡)	감정가/최저가/과정	임차조사	등기권리
462-150 경기 성남시 중원구 은 행동 1177번지 장수빌라 가동 2층 202호 ●감정평가서정리 - 알씨조 - 은행중학교남서측인 　근 - 다세대,주택가근린상 　가,임야. - 달맞이공원,종교시설 　등소재 - 차량접근가능,버스정 　류장도보10분 - 부정형북서하향완경 　사지 - 남서측3m도로접합 - 도시가스개별난방 - 주차시설없음 - 도시계획도로저촉 - 2종일반주거지역 감정평가액 대지 : 30,000,000원 건물 : 45,000,000원 04.07.21 누리감정	물건번호 : 단독물건 대지 16.07/160.7 　(5평) 건물 59.67 　(18.05평) 방3 4층-00.09.30보존	감정가　75,000,000 　대지　30,000,000 　　　　　(40%) 　건물　45,000,000 　　　　　(60%) 최저가　38,400,000 　　　　　(51.2%) ●경매진행과정 　　　　　75,000,000 유찰　2004-12-06 　20%↓ 60,000,000 유찰　2005-01-03 　20%↓ 48,000,000 유찰　2005-02-07 　20%↓ 38,400,000 낙찰　2005-03-07 　　　　48,101,000 　　　　　(64.1%) 　- 응찰 : 7명 　- 낙찰자:안정일 허가　2005-03-14 종결　2005-06-01	●법원임차조사 ※배당종기 일:2004.10.04	소유권 조◯ 2000.09.30 저당권 국민은행 　주택수내동지원센 　2000.09.30 　15,600,000 저당권 국민은행 　주택수내동지원센 　2000.10.27 　23,400,000 가압류 김덕순 　2002.05.10 　20,000,000 가압류 우리은행 　은행동 　2003.07.26 　10,130,000 강　제 김덕순 　2004.07.08 *청구액:20,000,000원 임　의 국민은행 　경매소송관리 　2004.09.15 *토지별도등기있 음 　등기부채권총액 　69,130,000원 열람일자 : 2004.11.20

제가 2005년에 낙찰 받은 물건이에요. 토지별도등기 물건이죠. 대지권
미등기와는 또 다른 얘기에요. 단어 그대로 읽으면 해석이 돼요. '토지에 별
도로 등기 내역이 있다'라고 이해하면 됩니다. 입찰할까 말까 고민할 거 없
이, 토지등기를 떼보면 답이 나옵니다. 토지등기에 무슨 내용이 있는지 보
는 거죠. 다들 대장에는 건축물 대장과 토지 대장이 있는 건 아시죠?

　토지등기를 왜 떼보라고 하는가. '토지별도등기'란 게 어떻게 생기는 지 알아보면, 바로 이해가 됩니다.

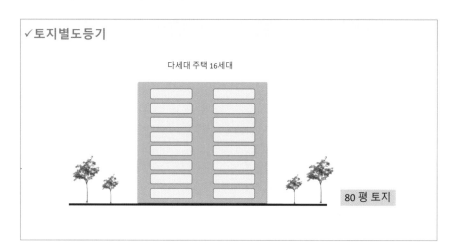

    땅 주인이 건물(다세대 주택)을 지으려고 합니다. 근데, 건축비가 없어요. 그래서 땅을 담보로 대출을 땡(당)깁니다. 즉, 토지등기에 근저당이 설정됩니다. 그 돈으로 빌라를 지어서 분양합니다. 분양하면서 받은 돈으로 토지에 있던 근저당을 말소합니다. 또는 빌라를 분양받는 사람들에게 근저당을 옮겨주기도 합니다. (즉, 잔금대출) 이런 식으로 말소되거나, 옮겨주거나 해서 토지등기는 깔끔하게 정리가 됩니다.

    그리고 나서, 분양받은 사람들 중에 누군가의 빌라가 경매에 나옵니다. 그때 그 빌라(건물)에 토지별도등기라는 내용이 뜨는 겁니다. 예전에 '이 토지에 뭔가 등기내용(즉, 건물 지을 돈을 빌렸던 근저당)이 있다'라는 거죠.

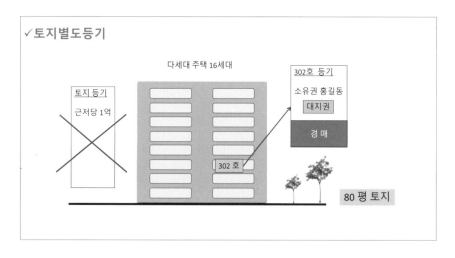

    정상적인(즉, 일반적인=대부분의) 경우 토지 저당은 말소되고 없습니다.

그런데 가끔 토지등기가 정리가 안 된 채로 남아 있는 경우가 문제입니다. 그래서 토지별도등기가 있으면, 토지등기를 꼭 열람하라고 하는 겁니다. 예전 내용이 다 지워지고 없으면 괜찮은데, 그대로 남아 있으면, 그런 물건은 조심(또는 패스)하면 됩니다.

TMI : 실제 경매 물건 중에 이런 경우는 거의 없어요. 토지등기가 남아 있으면 어떡하지? 고민할 필요가 없습니다. 혹시나 그런 물건이 나오면 그냥 하지 마세요.

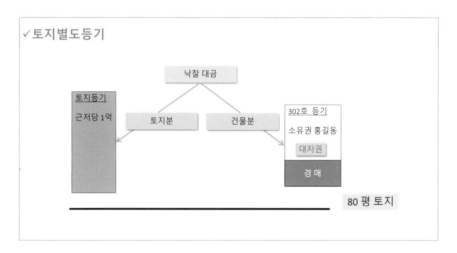

'낙찰 대금에서 토지분/건물분 비율대로 나눠서 배당을 하게 되고, 그러면 건물분 배당금이 줄어들어서 배당 못 받는 채권자가 생기고, 혹시 그 채권자가 선순위 임차인이면 낙찰자가 인수할 수도 있다'라는 만일을 위한 권리분석은 몰라도 됩니다. 이런 물건 만나는 것 자체가 하늘의 별따기 정도의 확률이니까요.

조세채권/당해세, 체불임금

조세 채권 / 당해세, 체불임금

배당 순위	배당 채권 및 내용
1	경매 비용 (법원에서 경매를 진행하는데 소요된 비용)을 먼저 떼고
2	최우선 변제 (소액임차인, 체불임금)
3	당해세 (국세 : 상속세, 증여세, 재평가세 / 지방세 : 재산세, 자동차세, 도시계획세, 종합토지세)
4	우선 변제 (저당권, 전세권과 같은 담보물권, 확정일자인 임차인, 당해세 이외의 세금의 법정기일)
5	일반 임금 채권
6	담보물권보다 늦은 조세 채권
7	의료보험료, 산업재해보상보험료, 국민연금보험료
8	일반채권

인수하는게 아님.
단지 배당만 먼저 받을 뿐.

　1순위 채권(근저당 또는 임차인)보다 먼저 배당받는 채권이 있습니다. 우리가 그동안 배웠던 소액임차인 최우선 변제금이 그 대표적인 채권이죠. 그 외에도 당해세나 체불임금도 0순위 배당받는 채권이구요. 조세채권도 사실상 0순위 채권이라고 보는 게 안전합니다.

　조세채권은 압류날짜가 아닌 법정기일(세금부과일)이 배당기준일이에요. 문제는 우리(입찰자) 입장에서 그 세금부과일이 언제인지 모른다는 점이죠. 그래서 '조세채권은 그냥 배당을 제일 먼저 받아간다'라고 생각하는 게 안전합니다.

　가끔 인터넷(또는 유튜브)을 보면 당해세(조세채권), 체불임금이 위험하다고 하는 경우가 많아요. 근데, 그 자체는 위험한 게 아니에요. 그냥 배당받고 소멸이죠. 낙찰자가 인수하는 게 아니거든요. 단지 배당 순서만 바뀌어 제일 먼저 배당받을 뿐인 거죠.

　근데, 문제는 거기서 발생합니다. 선순위 임차인이 있을 때…

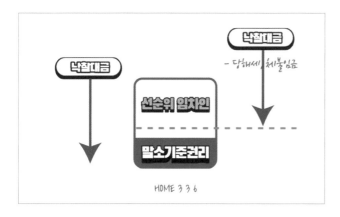

예를 들면, 이런 경우를 가정해 볼까요.

낙찰 : 1.5억

1순위 : 전입(확정) 임차인 1억

2순위 : 근저당 1억(말소기준권리)

3순위 : 가압류

그러면 임차인 1억, 근저당 5천만 배당하면 끝나는 거잖아요.

근데, 여기에 당해세, 체불임금해서 1억이 있다면…?

당해세, 체불임금을 먼저 배당해 줘야 하므로, 1억 빼고 나면 5천만밖에 안 남아요. 그걸 1순위 임차인이 받겠죠. 결국 임차인이 선순위인데 5천만을 못 받는 셈이 되고, 낙찰자가 5천만 인수인 겁니다.

물론 가정에 가정을 더한 경우이긴 한데, 당해세, 체불임금이 위험하다는 건 바로 이런 경우를 두고 하는 말입니다. 그 외에는 위험하지 않아요. 무작정 걱정할 게 아니지만, 특히 선순위 임차인이 있을 때, 신중하게 권리분석을 해야 합니다.

제 8 장

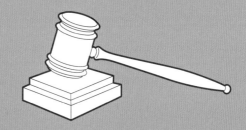

임차인 대항력
발생 시점

이혼한 경우

이혼한 날 다음 날(0시) 대항력 발생

기본 권리분석

말소기준권리 : 2011. 07. 15 근저당

임차인 김OO : 전입 : 2000. 11. 25(선순위)

　말소기준권리와 전입일만 따져보면 임차인 김OO은 선순위 임차인으로 보입니다. 그런데 임차인 김OO은 소유자 양OO과 부부 사이였다가 이혼을 했어요. 그런 경우는 이혼한 날부터 임차인 자격이 생기는 겁니다. 즉, 이혼 전까지는 소유주와 동일 세대(특히 부부)인 거죠. (이혼일=전입일)

　그래서 임차인 대항력을 다시 따져보면….

말소기준권리 : 2011. 07. 15 근저당

임차인 김OO : 이혼일(=전입일) : 2012. 01. 19

　즉, 근저당 날짜보다 늦어서 후순위 임차인이 되는 겁니다.

1. 이혼한 경우

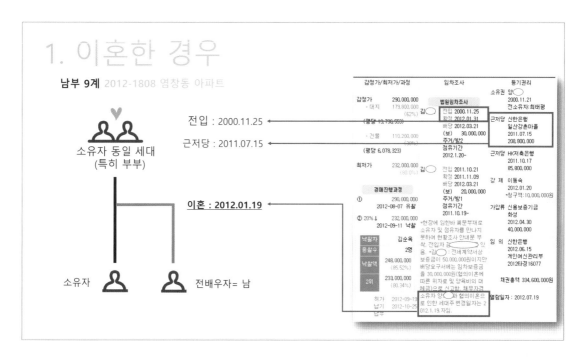

남부 9계 2012-1808 염창동 아파트

전입 : 2000.11.25

근저당 : 2011.07.15

소유자 동일 세대
(특히 부부)

이혼 : 2012.01.19

소유자

전배우자= 남

'님'이라는 글자에 점 하나를 찍으면, 그건 곧 '남'입니다.

(이혼날짜=전입일)

전소유자의 경우 ◇◇◇◇◇

소유권 넘긴 날 다음 날(0시) 대항력 발생

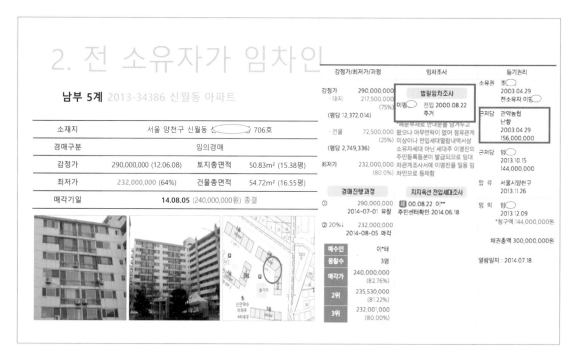

소유자가 집을 팔면서, 바로 이사를 나가지 않고, 한동안 임차인으로 있는 경우가 가끔 있어요.

기본 권리분석

말소기준권리 : 2003. 04. 29 근저당

임차인 이○○ 전입 : 2000. 08. 22(선순위)

말소기준권리와 전입일만 따져보면, 임차인 이○○은 선순위 임차인으로 보입니다. 그런데 임차인 이○○은 전소유자에요. 즉, 앞에서 살펴본 이혼한 경우와 마찬가지로 소유권을 넘기기 전까지는 소유자였던 거죠. 임차인의 신분으로 바뀌는 건, 소유권을 넘긴 날부터입니다. 즉, 소유권 이전일을 전입일로 간주하는 겁니다.

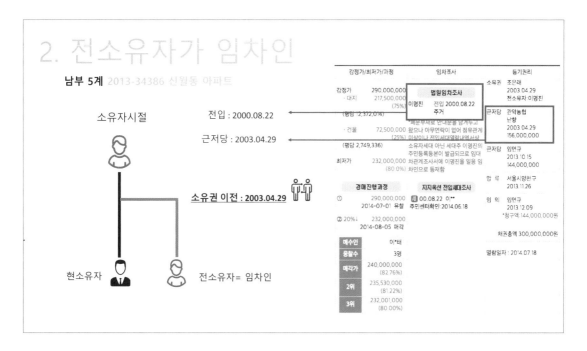

소유권 이전일=전입일

다시 권리분석을 해보면….

말소기준권리 : 2003. 04. 29 근저당

임차인 이○○ 소유권 이전일(=전입일) : 2003. 04. 29

근저당 설정일과 소유권 이전일(=전입일)이 같아요. 그럴 때 따지는 게 다음 날 0시부터 효력 발생이죠. 바로 이 경우에 적용됩니다. 고로, 이 사건 임차인(전소유자)의 대항력 발생일은 4월 30일 0시입니다. 그러므로 후순위 임차인이 됩니다.

법인인 경우

법인 계약/직원(개인) 전입

3. 임차인이 법인

	2013년 이전	2014년 이후
법인 대항력	X	O
LH 공사	O	O

법인이 임차인인 경우란 이런 경우를 얘기합니다. 계약서 사인한 주체는 법인이고, 전입은 자연인(사람)이 한다는 거예요. 법인이 전입하는 거는 아니에요. 법인이 전입하는 것으로 착각해서 헷갈려 하는데, 그런 건 아닙니다. 대표적인 예가 회사에서 직원용 기숙사로 쓰려고, 건물을 임차하는 경우죠.

법인 임차인은 2014년 이전과 이후가 달라집니다. 2014년 이전(즉, 2013년까지) 법인은 대항력이 없었어요. 2014년 이후부터 (직원이 전입을 하면) 법인도 대항력이 생깁니다.

3. 임차인이 법인

주택임대차보호법 (약칭: 주택임대차법)

[시행 2020. 8. 5.] [법률 제16912호, 2020. 2. 4., 타법개정]

제3조(대항력 등) ① 임대차는 그 등기(登記)가 없는 경우에도 임차인(賃借人)이 주택의 인도(引渡)와 주민등록을 마친 때에는 그 다음 날부터 제삼자에 대하여 효력이 생긴다. 이 경우 전입신고를 한 때에 주민등록이 된 것으로 본다.

② 주택도시기금을 재원으로 하여 저소득층 무주택자에게 주거생활 안정을 목적으로 전세임대주택을 지원하는 법인이 주택을 임차한 후 지방자치단체의 장 또는 그 법인이 선정한 입주자가 그 주택을 인도받고 주민등록을 마쳤을 때에는 제 1항을 준용한다. 이 경우 대항력이 인정되는 법인은 대통령령으로 정한다. <개정 2015. 1. 6.>

③ 「중소기업기본법」 제2조에 따른 중소기업에 해당하는 법인이 소속 직원의 주거용으로 주택을 임차한 후 그 법인이 선정한 직원이 해당 주택을 인도받고 주민등록을 마쳤을 때에는 제1항을 준용한다. 임대차가 끝나기 전에 그 직원이 변경된 경우에는 그 법인이 선정한 새로운 직원이 주택을 인도받고 주민등록을 마친 다음 날부터 제삼자에 대하여 효력이 생긴다. <신설 2013. 8. 13.>

임대차보호법 제3조제3항. 중소기업만 해당합니다.

단, 여기에는 전제 조건이 있습니다. 해당 법인이 중소기업일 때만 적용됩니다. 그리고 또 한 가지, 입주자(직원)이 바뀌면서 새로 전입을 하면, 대항력 발생일도 같이 바뀌게 됩니다. 즉, 처음에는 선순위였다가 나중에 후순위로 바뀔 수도 있다는 거죠. 그래서 결국 법인은 기숙사를 임차할 때, 전세권 설정을 하는 게 안전합니다.

법인이 LH공사인 경우

이런 경우는 LH공사의 직원용 기숙사가 아니라, "저소득층을 위한 전세임대주택"을 말합니다. 즉, LH공사가 보증금을 부담하고, 실제로 임차인이 들어간 경우죠. 이런 경우는 법(임대차보호법 제3조 제2항)으로 보호(즉, 대항력 인정)를 받을 수 있습니다. 즉, 2014년 이전이냐 이후냐 따질 필요가 없습니다. 원래부터 적용받는 거였으니까요.

외국인인 경우

외국인도 대항력 있음

---

4. 임차인이 외국인

	대항력 인정	
내국인	✓ 주민등록	✓ 전입신고
외국인	✓ 외국인 등록	✓ 체류지 변경신고

외국인의 경우 주민센터에 전입신고를 할 수 없기 때문에 그 외의 방법으로 대항력을 인정받을 수 있습니다.

외국인(또는 외국국적동포)에게 주택임대차보호법 제3조 제1항이 규정하는 대항력 취득 요건인 주민등록과 동일한 법적 효과

　－외국인 등록

　－체류지 변경 신고

　－국내거소신고

　－거소이전신고

4. 외국인 대항력 인정 : 대법 판례

대법원 2016. 10. 13. 선고 2014다218030, 218047 판결

[건물인도등청구의소·임대차보증금] 〈외국국적동포가 한 국내거소신고나 거소이전신고에 주택임대차보호법상 대항력이
인정되는지 여부가 문제 된 사건〉 [공2016하,1658]

【판시사항】

[1] 외국인 또는 외국국적동포가 구 출입국관리법이나 구 재외동포의 출입국과 법적 지위에 관한 법률에 따라 외국인등
록이나 체류지변경신고 또는 국내거소신고나 거소이전신고를 한 경우, 주택임대차보호법 제3조 제1항에서 주택임대차
의 대항력 취득 요건으로 규정하고 있는 주민등록과 동일한 법적 효과가 인정되는지 여부(적극)

[2] 주택임대차보호법 제3조 제1항에 의한 대항력 취득의 요건인 주민등록에 임차인의 배우자나 자녀 등 가족의 주민등
록이 포함되는지 여부(적극) 및 이러한 법리가 구 재외동포의 출입국과 법적 지위에 관한 법률에 의한 재외국민이 임차
인인 경우에도 마찬가지로 적용되는지 여부(적극)

상가 임차인의 대항력

사업자등록=주민등록

---

5. 상가 임차인

대항력 인정

✓ 세무서에 사업자 등록 = 주민등록

상가 임차인은 관할 세무서에 사업자 등록을 하면, 대항력을 취득합니다.

---

5. 상가 임차인

상가건물 임대차보호법 (약칭: 상가임대차법)

[시행 2020. 8. 5.] [법률 제16912호, 2020. 2. 4., 타법개정]

제3조(대항력 등) ① 임대차는 그 등기가 없는 경우에도 임차인이 건물의 인도와 「부가가치세법」 제8조, 「소득세법」 제168조 또는 「법인세법」 제111조에 따른 사업자등록을 신청하면 그 다음 날부터 제3자에 대하여 효력이 생긴다. <개정 2013. 6. 7.>

② 임차건물의 양수인(그 밖에 임대할 권리를 승계한 자를 포함한다)은 임대인의 지위를 승계한 것으로 본다.

③ 이 법에 따라 임대차의 목적이 된 건물이 매매 또는 경매의 목적물이 된 경우에는 「민법」 제575조제1항 · 제3항 및 제578조를 준용한다.

④ 제3항의 경우에는 「민법」 제536조를 준용한다.

[전문개정 2009. 1. 30.]

마무리

경매란 싸게 사는 것이지, 어려운 걸 낙찰을 받는 게 아닙니다. 어려운 물건을 남들은 모르는 나만의 기막힌 수법으로 해결하는 걸 자랑하기 위함이 아니라, 그냥 평범한 물건에서 꾸준히 수익 내는 걸 자랑으로 여기세요.

①모든 답은 현장에 있습니다. 임장의 중요성….

②나만의 특기를 개발합시다. 내가 편한 분야에서 수익을 냅시다.

③부동산 사장님과 친하되 맹신하지는 맙시다.

④앞마당을 정합시다. 여기저기 다닐 필요 없습니다. 동네전문가=고수

⑤혼자는 힘듭니다. 동료, 멘토가 있으면 오래 할 수 있습니다.

⑥경매는 '수익'입니다. 낙찰이 아닙니다.

⑦낙찰 받기 전에 정주지 맙시다.

⑧쉬는 것도 투자입니다. 잘 안될 때는 그냥 쉽시다.

⑨경매에도 상도가 있습니다. 여유를 갖고, 배려해 주고, 자연스럽게 합시다. 무리하지 말고요.

⑩까치밥 감나무를 아는지요. 남이 먹을 걸 남겨줍시다. 적당히 먹고 빠집니다.

돈 버는 비법 : BLSH 싸게 사서 비싸게 팔자 Buy Low Sell High

생초보도 쉽게 따라 할 수 있는 경매

경매 교과서

개정판 1쇄 발행 2023년 1월 30일
개정판 3쇄 발행 2024년 1월 29일

지은이 안정일
펴낸이 최봉규

책임편집 최상아
북코디 밥숟갈(최수영)
교정교열 주항아
디자인 이오디자인
마케팅 김낙현

펴낸곳 지상사(청홍)
출판등록 2002년 8월 23일 제2017-000075호

주소 서울 용산구 효창원로64길 6(효창동) 일진빌딩 2층
우편번호 04317
전화번호 02)3453-6111 팩시밀리 02)3452-1440
홈페이지 www.jisangsa.co.kr
이메일 jhj-9020@hanmail.net

ⓒ 안정일, 2023
ISBN 978-89-6502-004-2 03320

생생 경매
성공기 2.0

안정일(설마) 김민주

이런 속담이 있죠? '12가지 재주 가진 놈이 저녁거리 간 데 없다.' 그런데 이런 속담도 있더라고요. '토끼도 세 굴을 판다.' 저는 처음부터 경매로 시작했지만, 그렇다고 지금껏 경매만 고집하지는 않습니다. 경매로 시작했다가 급매물도 잡고, 수요 예측을 해서 차액도 남기고…

값 19,500원 신국판(153*224) 404쪽
ISBN978-89-6502-291-6 2020/03 발행

설마와 함께
경매에 빠진 사람들

안정일 김민주

경기의 호황이나 불황에 상관없이 경매는 현재 시장의 시세를 반영해서 입찰가와 매매가가 결정된다. 시장이 나쁘면 그만큼 낙찰 가격도 낮아지고, 매매가도 낮아진다. 결국 경매를 통해 수익을 얻는다는 이치는 똑같아 진다. 그래서 경매를 잘하기 위해서는…

값 16,800원 신국판(153*224) 272쪽
ISBN978-89-6502-183-4 2014/10 발행

제로부터 시작하는
비즈니스 인스타그램

아사야마 다카시 / 장재희

인스타그램을 비롯한 소셜미디어의 본질은 SNS를 통해 발신이 가능해진 개인의 집합체라는 것이다. 한 사람 한 사람의 생활 소비자들이 자신의 브랜드에 대해 발신하는 것, 그것이 소셜미디어의 활용의 열쇠가 된다. 사람들이 긍정적으로 취급하는 상품이란…

값 16,500원 신국판변형(153*217) 168쪽
ISBN978-89-6502-001-1 2022/08 발행

수학 독습법

도미시마 유스케 / 유나현

수학에 대한 기초적인 이해는 반드시 갖춰야 하는 일반 상식이 되었다. 수학에 대한 이해 없이는 현대 사회를 이해할 수 없다. 이렇게 말하면 학창 시절 수학 때문에 고통받은 기억이 떠올라서 도망치고 싶어질지도 모르지만, 전혀 걱정할 필요 없다.

값 18,000원 사륙판(128*188) 304쪽
ISBN978-89-6502-005-9 2023/03 발행

세상에서 가장 쉬운
통계학 입문

고지마 히로유키 / 박주영

이 책은 복잡한 공식과 기호는 하나도 사용하지 않고 사칙연산과 제곱, 루트 등 중학교 기초수학만으로 통계학의 기초를 확실히 잡아준다. 마케팅을 위한 데이터 분석, 금융상품의 리스크와 수익률 분석, 주식과 환율의 변동률 분석 등 쏟아지는 데이터…

값 15,000원 신국판(153*224) 240쪽
ISBN978-89-90994-00-4 2009/12 발행

세상에서 가장 쉬운
베이즈통계학 입문

고지마 히로유키 / 장은정

베이즈통계는 인터넷의 보급과 맞물려 비즈니스에 활용되고 있다. 인터넷에서는 고객의 구매 행동이나 검색 행동 이력이 자동으로 수집되는데, 그로부터 고객의 '타입'을 추정하려면 전통적인 통계학보다 베이즈통계를 활용하는 편이 압도적으로 뛰어나기 때문이다.

값 15,500원 신국판(153*224) 300쪽
ISBN978-89-6502-271-8 2017/04 발행

70세가
노화의 갈림길

와다 히데키 / 정승욱 이주관

여성에게는 90대까지 사는 것이 당연한 시대로 접어들었다. 아마도 앞으로 의학적 진보가 계속될 것이니, 100세 시대는 꿈같은 이야기가 아닐 것이다. 그런데 일상생활에 불편함 없이 건강한 삶을 누릴 수 있는 건강 수명은 전혀 다르다. 건강 수명은 평균 수명의 연장을 따라잡지 못하고 있다.

값 14,000원 국판변형(140*200) 200쪽
ISBN978-89-6502-000-4 2022/06 발행

공복
최고의 약(개정판)

아오키 아츠시 / 이주관 이진원

저자는 생활습관병 환자의 치료를 통해 얻은 경험과 지식을 바탕으로 다음과 같은 고민을 하게 되었다. "어떤 식사를 해야 가장 무리 없이, 스트레스를 받지 않으며 질병을 멀리할 수 있을까?" 그 결과, 도달한 답이 '공복'의 힘을 활용하는 방법이었다.

값 16,900원 국판(148*210) 208쪽
ISBN978-89-90116-17-3 2023/09 발행

결산서 3분 속독으로
"10배株주" 찾는 법

핫샨(투자자VTuber) / 이정은

주식투자를 시작한 주린이도 투자에 필요한 기업 분석법, 실적을 바탕으로 주가 예측, 성장주 발굴 등에 도전해 볼 수 있게 꾸몄다. 결산서라고 하면 '어려운 용어가 많아서 모르겠다.' '숫자가 너무 많아서 어렵다.' '어디를 봐야 할지 모르겠다'라는 독자에게 도움이 되는 책이다.

값 17,500원 신국판(153*218) 288쪽
ISBN978-89-6502-002-8 2022/09 발행

7일 마스터 주식 차트
이해가 잘되고 재미있는 책!

주식공부.com 대표 가지타 요헤이 / 이정미

이 책은 '이제부터 공부해서 주식투자로 돈을 벌자!'라는 방향으로 차트 및 테크니컬 지표를 보는 법과 활용하는 법이 담겨있다. 앞으로 주식투자에서 '기초 체력'이 될 지식을 소개하며, 공부 그 자체가 목적이 되면 의미가 없으므로, 어려워서 이해하기 힘든 내용은 뺐다.

값 16,000원 신국판(153*224) 224쪽
ISBN978-89-6502-316-6 2022/05 발행

만화로 배우는
최강의 株주식 입문

야스츠네 오사무 / 요시무라 요시 / 오시연

이 책은 자산운용에 전혀 관심이 없었던 초보자도 곧바로 주식투자에 도전할 수 있도록 주식투자의 노하우를 가능한 한 알기 쉽게 해설했다. 주식투자로 성공하는 방법들을 소개했는데, 덧붙이고자 한다. 책상에서만 익힌 노하우로는 결코 성공할 수 없다는 점이다.

값 16,000원 신국판(153*224) 232쪽
ISBN978-89-6502-313-5 2022/04 발행

자산이 늘어나는
주식투자

나가타 준지 / 이정미

투자 공부는 어려워서 무엇부터 배워야 할지 모르겠다며 뒷걸음치는 사람들이 있다. 확실히 투자는 학교에서 가르쳐 주지도 않고, 전문용어도 많아서 기억하는 것만 해도 큰일이다. 하지만 주식투자만으로 생활비를 버는 프로들은 투자에서 승리하기 위해 매일 연구한다.

값 15,000원 국판(148*210) 208쪽
ISBN978-89-6502-308-1 2022/01 발행

주식의 神신 100법칙

이시이 카츠토시 / 오시연

당신은 주식 투자를 해서 좋은 성과가 나고 있는가? 서점에 가보면 '주식 투자로 1억을 벌었느니 2억을 벌었느니' 하는 책이 넘쳐나는데, 실상은 어떨까? 실력보다는 운이 좋아서 성공했으리라고 생각되는 책도 꽤 많다. 골프 경기에서 홀인원을 하고 주식 투자로 대박을 낸다.

값 15,500원 국판(148*210) 232쪽
ISBN978-89-6502-293-0 2020/09 발행

주식의 차트 神신 100법칙(개정판)

이시이 카츠토시 / 이정은

저자는 말한다. 이 책은 여러 책에 숟가락이나 얻으려고 쓴 책이 아니다. 사케다 신고가를 기본으로 실제 눈앞에 보이는 각 종목의 움직임과 조합을 바탕으로 언제 매매하여 이익을 얻을 것인지를 실시간 동향을 설명하며 매매전법을 통해 생각해 보고자 한다.

값 17,500원 국판(148*210) 236쪽
ISBN978-89-6502-323-4 2023/10 발행

주식 데이트레이딩의 神신 100법칙

이시이 카츠토시 / 이정미

옛날 장사에 비유하면 아침에 싼 곳에서 사서 하루 안에 팔아치우는 장사다. '오버나잇' 즉 그날의 자금을 주식 시장에 남기는 일을 하지 않는다. 다음 날은 다시 그날의 기회가 가장 큰 종목을 선택해서 승부한다. 이제 개인 투자자 대다수가 실시하는 투자 스타일일 것이다.

값 17,500원 국판(148*210) 248쪽
ISBN978-89-6502-307-4 2021/10 발행

세력주의 神신 100법칙(개정판)

이시이 카츠토시 / 전종훈

이 책을 읽는 사람이라면 아마도 '1년에 20%, 30%의 수익'이 목표는 아닐 것이다. '짧은 기간에 자금을 10배로 불리고, 그걸 또 10배로 만든다.' 이런 '계획'을 가지고 투자에 임하고 있을 것이다. 큰 이익을 얻으려면 '소형주'가 안성맞춤이다. 우량 종목은 실적이 좋으면 주가 상승을…

값 17,500원 국판(148*210) 240쪽
ISBN978-89-6502-322-7 2023/08 발행

대입-편입 논술에 꼭 나오는
핵심 개념어 110

김태희

논술시험을 뚫고 그토록 바라는 대학에 들어가기 위해서는 논술 합격의 첫 번째 관문이자 핵심 해결 과제의 하나인 올바른 '개념화'의 능력이 필요하다. 이를 위해서는 관련한 최소한의 배경지식을 습득해야 하는데, 이는 거창한 그 무엇이 아니다. 논술시험에 임했을 때…

값 27,000원 신국판(153*225) 512쪽
ISBN978-89-6502-296-1 2020/12 발행

대입–편입 논술 합격 답안 작성
핵심 요령 150

김태희

시험에서 합격하는 비결은 생각 밖으로 단순하다. 못난이들의 경합에서 이기려면, 시험의 본질을 잘 알고서 그것에 맞게 올곧게 공부하는 것이다. 그러려면 평가자인 대학의 말을 귀담아들을 필요가 있다. 대학이 정부의 압력에도 불구하고 논술 시험을 고수하는 이유는….

값 22,000원 신국판(153*225) 360쪽
ISBN978-89-6502-301-2 2021/02 발행

논술 주제로 자주 출제되는 철학의
근본 물음과 대답 70

김태희

우리는 어떤 사물·대상에 관한 개념을 가지고 있어야만 그것에 관한 판단, 즉 사고와 추리와 논증을 할 수 있다. 개념이 없으면 판단과 추리라는 '사고'를 하기 어렵고, 인식한 내용을 체계적으로 '정리'할 수 없다. 글에 실린 개념의 의미를 올바로 정의하지 못하거나….

값 22,000원 신국판(153*225) 328쪽
ISBN978-89-6502-318-0 2022/06 발행

수능 국어 비문학 독해
매력적인 오답의 함정에 빠지지 말라

김태희

수능에서 비문학을 다루는 목적이 '독해력' 측정에 있음에 주목한다면, 비문학 지문은 시간을 갖고서 차근차근 읽으면 이를 이해하는 데 큰 어려움이 없을 정도의 수준을 유지토록 조처합니다. 실제로 학생들이 비문학 지문을 마냥 어렵게만 느끼는 이유는….

값 18,000원 사륙배판(188*257) 320쪽
ISBN978-89-6502-003-5 2023/01 발행